essentials

essentials liefern aktuelles Wissen in konzentrierter Form. Die Essenz dessen, worauf es als „State-of-the-Art" in der gegenwärtigen Fachdiskussion oder in der Praxis ankommt. essentials informieren schnell, unkompliziert und verständlich

- als Einführung in ein aktuelles Thema aus Ihrem Fachgebiet
- als Einstieg in ein für Sie noch unbekanntes Themenfeld
- als Einblick, um zum Thema mitreden zu können

Die Bücher in elektronischer und gedruckter Form bringen das Expertenwissen von Springer-Fachautoren kompakt zur Darstellung. Sie sind besonders für die Nutzung als eBook auf Tablet-PCs, eBook-Readern und Smartphones geeignet. essentials: Wissensbausteine aus den Wirtschafts, Sozial- und Geisteswissenschaften, aus Technik und Naturwissenschaften sowie aus Medizin, Psychologie und Gesundheitsberufen. Von renommierten Autoren aller Springer-Verlagsmarken.

Timm Gudehus

Neue Geldordnung

Notwendigkeit, Konzeption und Einführung

Dr. rer. nat. Dr. Ing. habil.
Timm Gudehus
Hamburg
Deutschland

ISSN 2197-6708 ISSN 2197-6716 (electronic)
essentials
ISBN 978-3-658-13121-0 ISBN 978-3-658-13122-7 (eBook)
DOI 10.1007/978-3-658-13122-7

Die Deutsche Nationalbibliothek verzeichnet diese Publikation in der Deutschen Nationalbibliografie; detaillierte bibliografische Daten sind im Internet über http://dnb.d-nb.de abrufbar.

Springer Gabler
© Springer Fachmedien Wiesbaden 2016

Gedruckt auf säurefreiem und chlorfrei gebleichtem Papier

Springer Gabler ist Teil von Springer Nature
Die eingetragene Gesellschaft ist Springer Fachmedien Wiesbaden

Vorwort

Das heutige Geldsystem ist intransparent, widersprüchlich und gefährlich. Durch Kreditvergabe und auf andere Weise erzeugen private Banken nach eigenem Ermessen in nahezu unbegrenzter Menge sogenanntes *Giralgeld*, das nur unzureichend gesichert ist. Die Folgen sind Geldschöpfungsvorteile für die Banken, Geldverluste der Girokontoinhaber bei größeren Bankinsolvenzen sowie eine wechselseitige Abhängigkeit zwischen Staat und Banken. Das gefährdet die Finanzstabilität und die Funktion der Zahlungssysteme mit unabsehbaren Auswirkungen in der Realwirtschaft. Weitere Folgen sind überschießende Konjunkturschwankungen und Finanzmarktausschläge und eine latente Inflationsgefahr.

Die Probleme des heutigen Geldsystems lassen sich beheben und seine negativen Auswirkungen begrenzen durch eine *neue Geldordnung*, in der gemäß einem Vorschlag von *Joseph Huber* das Giralgeld durch *Vollgeld*, d. h. durch Zentralbankbuchgeld ersetzt wird (Huber 2001, 2013). Mit Einführung der neuen Geldordnung entsteht ein Umwandlungsgewinn in Höhe der umgewandelten Buchgeldmenge. Dieser ermöglicht einen erheblichen Abbau der Staatsverschuldung, die im Eurosystem und vielen anderen Staaten besorgniserregend angestiegen ist. Danach ergeben sich aus der Anpassung der Geldmenge an das Wirtschaftswachstum laufend weitere Geldschöpfungsgewinne, die zur Staatsfinanzierung oder Steuersenkung verwendet werden können.

Mit der neuen Geldordnung lassen sich auch die Konstruktionsfehler und Widersprüche des *Eurosystems* beseitigen, die in den letzten Jahren deutlich geworden sind (Mensching 2014). In der *Schweiz* wird nach dem Erfolg der *Schweizer Vollgeld-Initiative* eine Volksabstimmung über Vollgeld stattfinden (Vollgeldinitiative 2015). In *Island* wird derzeit im Auftrag der Regierung eine Geldreform auf der Basis von Vollgeld geprüft (Sigurjonsson 2015). Die weitgehende Wirkungslosigkeit einer zunehmend expansiven Geldpolitik in der Realwirtschaft und ihre unerwünschten Nebenwirkungen in der Finanzwirtschaft erzeugen Ratlosigkeit. Das alles macht die Geldordnung zu einem aktuellen Thema.

Dieses *essential* begründet die Notwendigkeit, beschreibt die Konzeption, entwickelt Möglichkeiten zur Einführung und analysiert die Konsequenzen der neuen Geldordnung für die Gelddisposition, Geldpolitik und die europäische Währungsunion. Es richtet sich an alle, die verstehen wollen, wie das heutige Geldsystem funktioniert, und die an der Entwicklung und Einführung einer neuen Geldordnung mitwirken möchten, mit der sich die Probleme des heutigen Geldsystems beheben und dessen Gefahren für das Wirtschafts- und Finanzsystem begrenzen lassen.

Für hilfreiche Diskussionen, kritische Hinweise und konstruktive Beiträge insbesondere zum Entwurf des Europäischen Währungsgesetzes danke ich *Joseph Huber*, *Andreas Mosler, Klaus Karwat, Michael Köhler, Hans-Georg Koppensteiner, Thomas Mayer, Christopher Mensching, Christopher Walther* und *Dieter Tetzen*.

Hamburg, Januar 2016   Timm Gudehus

Inhaltsverzeichnis

Einleitung 1

Die moderne Marktwirtschaft ist ohne Geld nicht möglich. Das Geld ist ein universelles Hilfsmittel zur Erleichterung des Güteraustausches und zum Ausgleich von Zahlungsverpflichtungen.

Was in einer Gesellschaft als *Geld*, d. h. als allgemeines *Zahlungsmittel* akzeptiert wird, ist eine Konvention, die durch staatliche Gesetze und Verordnungen festgelegt oder eingeschränkt sein kann. Damit das Geld eines Staates oder eines Währungsgebiets als allgemeines Zahlungsmittel akzeptiert wird, muss es so sicher und wertstabil sein, dass es als *Wertspeicher* verwendbar und als *Wertmaßstab* geeignet ist. Es muss ein legitimer *Stimmzettel* sein, mit dem die Nachfrager auf den Märkten des Währungsgebiets materielle und immaterielle Güter mit der gewünschten Qualität bei den ihnen passenden Anbietern auswählen und bezahlen können. Nur mit stabilem Geld sind eine *selbstregelnde Verteilung* der Güter und eine *bedarfsgerechte Zuteilung* der Mengen über den Markt möglich (Eucken 1952; Gudehus 2015a).

Das heutige Geld ist eine übertragbare *Lizenz zur Nutzung als Zahlungsmittel* und damit ein spezielles *Rechtsgut*.[1] Die Erscheinungsformen, die Erzeugung und das Inverkehrbringen des Geldes sind jedoch bisher nur unzureichend geregelt. Es gibt keine Legaldefinition des Geldes und kein explizites *Währungsgesetz*. Die Regelungen des heutigen Geldsystems sind unvollständig, widersprüchlich und mehrdeutig auf viele Gesetze und Verordnungen verteilt (Görgens et al. 2008; Hahn und Häde 2010; Issing 2003; Köhler 2013). Das hat erhebliche Probleme zur Folge, wie private Geldschöpfungsvorteile, Gefährdung des Geldwertes, Instabilität der Finanzmärkte, Verstärkung der Konjunkturausschläge und eine wechselseitige Abhängigkeit zwischen Staat und Banken (Gudehus 2013, 2014a; McMillan 2014).

---

[1] Auf den Banknoten der USA steht: „This note is legal tender for all debts, public or private".

T. Gudehus, *Neue Geldordnung*, essentials, DOI 10.1007/978-3-658-13122-7_1

In diesem *essential* wird zunächst das *heutige Geldsystem* mit seinen Schwächen und Problemen beschrieben. Daraus folgen die *Anforderungen an eine Geldordnung*, die frei ist von den aufgezeigten Schwächen. Diese Anforderungen lassen sich durch eine *neue Geldordnung* erfüllen, die auf der *Vollgeldreform* von *Joseph Huber* (Huber und Robertson 2001; Huber 2013; Binswanger et al. 2012; Mayer(Ke) und Huber 2014; Peukert 2013), dem sogenannten *Chicago-Plan* oder *100%-Money-Konzept* (Fisher 1935; Friedman 1960; Simons 1934) und anderen Vorschlägen beruht (Allais 1988; Benes und Kumhof 2012; Eucken 1952; Gocht 1975; Gödde 1985; Mayer(Kö) 2014; McMillan 2014).

Nach einer Beschreibung der Regelungen und Einführungsmöglichkeiten der neuen Geldordnung werden ihre Konsequenzen für die *Gelddisposition* und die *Geldpolitik* dargestellt sowie die Folgen für eine *Währungsunion* wie das *Eurosystem* analysiert. Das vorletzte Kapitel enthält den Entwurf eines *europäischen Währungsgesetzes* zur Implementierung der neuen Geldordnung im Eurosystem (Gudehus und Mensching 2016). Im letzten Kapitel werden die Ergebnisse der neuen Geldordnung zusammengefasst sowie Hindernisse, Einwände und Widerstände gegen ihre Realisierung diskutiert.

Das heutige Geldsystem

2

Die Geldsysteme der Gegenwart sind historisch gewachsen und schwer zu durchschauen (Goergens et al. 2008, S. 6 ff.; Hahn und Haede 2010, S. 1 ff.; Issing 2003, S. 21 ff.; McMillan 2014; McLeay et al. 2014, S. 4 ff.; Mises 1924). Sie unterscheiden sich in den einzelnen Staaten und Währungsgebieten, vor allem in Mandat und Unabhängigkeit der *Zentralbank*. Abgesehen davon ist die *Grundstruktur* der heutigen Geldsysteme ähnlich. Sie umfasst wie in Abb. 2.1 dargestellt zwei *Hauptgeldmärkte*, die durch die *Geschäftsbanken*[1] voneinander getrennt sind: den *Zentralbankgeldmarkt* oder *Interbankengeldmarkt* und den *Sekundärgeldmarkt* oder *Nichtbankengeldmarkt*.

Über den *Zentralbankgeldmarkt* leihen und verleihen die Geschäftsbanken und Staatsbanken untereinander *Zentralbankbuchgeld*, das sie sich auf Kredit oder durch Verkauf von Wertpapieren bei der Zentralbank beschaffen können. Sie können das Zentralbankbuchgeld jederzeit in *Bargeld*, d. h. in *Münzen* und *Banknoten*, umtauschen. Die Zentralbank hat das Monopol zur Ausgabe von *Bargeld* und von *Zentralbankbuchgeld*. Über den *Nichtbankengeldmarkt* leihen und verleihen Haushalte, Unternehmen und andere Nichtbanken untereinander sowie über die Geschäftsbanken *Bargeld* und *Giralgeld*. Das Bargeld wird über die Geschäftsbanken in den Zahlungsverkehr der Nichtbanken gebracht.

Das *Zentralbankbuchgeld* kann nur von Geschäftsbanken sowie von staatlichen und anderen Institutionen verwendet werden, die ein Zentralbankkonto haben. Es wird von den privaten und öffentlichen Geschäftsbanken zum Ausgleich differierender Zahlungsströme benötigt, soweit diese nicht über täglich fällige *Interbankenkredite* ausgeglichen werden. Das heißt:

---

[1] *Geschäftsbanken* sind für das Einlagengeschäft zugelassene *Kreditinstitute*, wie die privaten Geschäftsbanken und die öffentlichen Sparkassen, Genossenschaftsbanken u. a.

© Springer Fachmedien Wiesbaden 2016
T. Gudehus, *Neue Geldordnung,* essentials, DOI 10.1007/978-3-658-13122-7_2

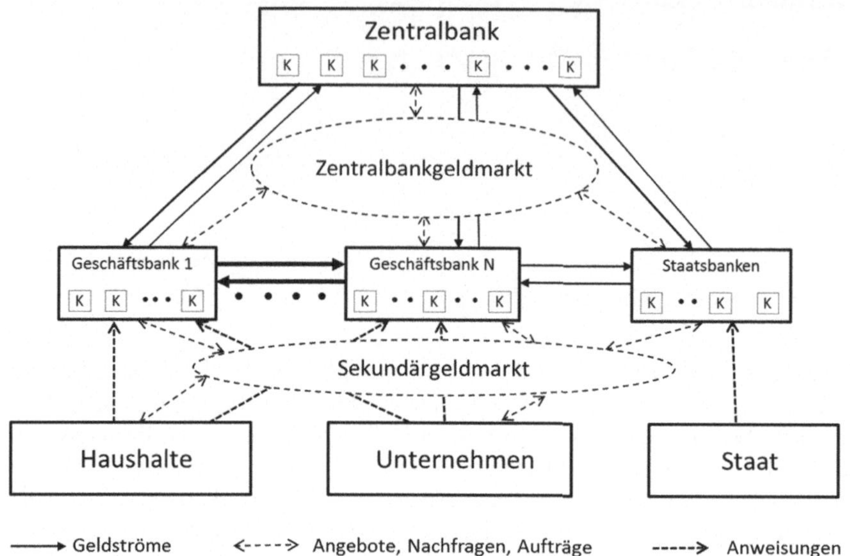

Abb. 2.1 Grundstruktur des heutigen Geldsystems

(Um die Übersicht zu bewahren, sind in Abb. 2.1 und 6.1 keine Bargeld- und Devisenströme dargestellt)
K: Buchgeldkonten bei der Zentralbank bzw. Girokonten bei den Geschäftsbanken

- Das Zentralbankbuchgeld ist kein allgemeines Zahlungsmittel und kann von Nichtbanken nicht zum Kauf von Gütern und Leistungen der *Realwirtschaft* verwendet werden.

Allgemeines *gesetzliches Zahlungsmittel* ist heute nur das von der Zentralbank emittierte *Bargeld*. Jeder hat das Recht, mit dem gesetzlichen Bargeld seine Zahlungsverpflichtungen zu begleichen, und die Pflicht, Bargeld zum Ausgleich monetärer Forderungen anzunehmen. Für das *Giralgeld* besteht dagegen keine gesetzliche Annahmepflicht. Trotzdem wird es allgemein „an Erfüllung statt" zum Ausgleich monetärer Forderungen akzeptiert. Paradoxerweise lehnen viele staatliche Institutionen, wie das Finanzamt, die Annahme von Bargeld ab und verlangen Zahlung mit Giralgeld.

Der Zahlungsverkehr zwischen Nichtbanken erfolgt heute nur zum kleineren Teil mit *Bargeld* und zunehmend mit *Giralgeld*, d. h. mit den *Guthaben der Girokonten* bei den Geschäftsbanken. Giralgeld kann von den Geschäftsbanken durch Kreditvergabe oder den Kauf von Anlagegütern in einer Menge erzeugt werden, die weit über deren Reserven bei der Zentralbank hinausgeht. Die Girokontenguthaben können daher nicht jederzeit vollständig in Bargeld ausgezahlt oder an Dritte übertragen werden.

Für die Kontoinhaber ist ein Girokontoguthaben eine jederzeit verfügbare Geldeinlage. Für die Geschäftsbanken sind Girokontoguthaben eine jederzeit fällige Verbindlichkeit gegenüber den Kontoinhabern. Giralgeld ist also zugleich *Zahlungsmittel*, d. h. *Geld*, und *Zahlungsverpflichtung*, d. h. *Kredit*. Diese *Dualität des Giralgeldes* ist die Ursache von Rechtsunsicherheit, Missverständnissen und anderen Problemen. Bei einer Insolvenz mehrerer Großbanken ist das Giralgeld wegen der unzureichenden Einlagensicherungseinrichtungen und Bankensicherungsfonds nur teilweise gesichert. So beträgt die geplante Höhe des Bankenabwicklungsfonds der Euro-Staaten mit 55 Mrd. € weniger als 1 % des Giralgeldbestands. Da es keinen gesetzlich geregelten Anspruch auf einen hundertprozentigen Einlagenschutz durch den Staat gibt, gilt:

- Die Girokontoguthaben sind bei einer Bankinsolvenz nur teilweise gesichert und wegen der geringen Zentralbankreserven der Geschäftsbanken nur eingeschränkt verfügbar.

Die Giralgeldschöpfung der Geschäftsbanken wird durch eine ex-post zu erfüllende *Mindestreservevorschrift* nicht wirksam eingeschränkt. Bei einer Mindestreservequote von 1 % der Einlagesumme von Nichtbanken, wie sie seit Anfang 2012 im Eurosystem gilt, kann eine Geschäftsbank zur Kreditvergabe oder zum Kauf von Staatsanleihen und anderer Anlagegüter bis zum 100-fachen ihrer Zentralbankreserven an Giralgeld schöpfen (Issing 2003, S. 5; Hahn und Häde 2010, S. 175; McLeay et al. 2014, S. 4 ff.). Die Giralgeldschöpfung wird begrenzt durch die *Liquiditäts- und Eigenkapitalvorschriften* der Bankenaufsicht (Basel II und III), die beschränkte Risikobereitschaft der Geschäftsbanken und durch die Kreditnachfrage und Kreditsicherheiten der Bankkunden (McMillan 2014).

Bei ansteigender Konjunktur oder anziehenden Kursen vergrößern die Geschäftsbanken durch zunehmende Kreditvergabe die Giralgeldmenge. Bei sich abschwächender Konjunktur und sinkenden Kursen schränken die Geschäftsbanken die Kreditvergabe ein und reduzieren dadurch die Giralgeldmenge. Diese *endogene Geldversorgung* durch eine dezentrale und flexible Anpassung der Giralgeldmenge an einen wechselnden Bedarf gilt als Stärke des heutigen Geldsystems. Sie wird jedoch zur Schwäche, wenn übermäßige Geldschöpfung und Geldvernichtung die Ausschläge von *Konjunkturzyklen* und *Börsenkursen* verstärken. Außerdem kann eine überschießende Giralgeldvermehrung *Inflation* auslösen, wenn das zusätzliche Geld für überproportionale Lohnerhöhungen oder knappe Güter ausgegeben wird. Zur hohen Volatilität der Finanzmärkte trägt auch der *Eigenhandel* der Geschäftsbanken bei, die sich mit überschüssigem Zentralbankbuchgeld gegenseitig Wertpapiere abkaufen können.

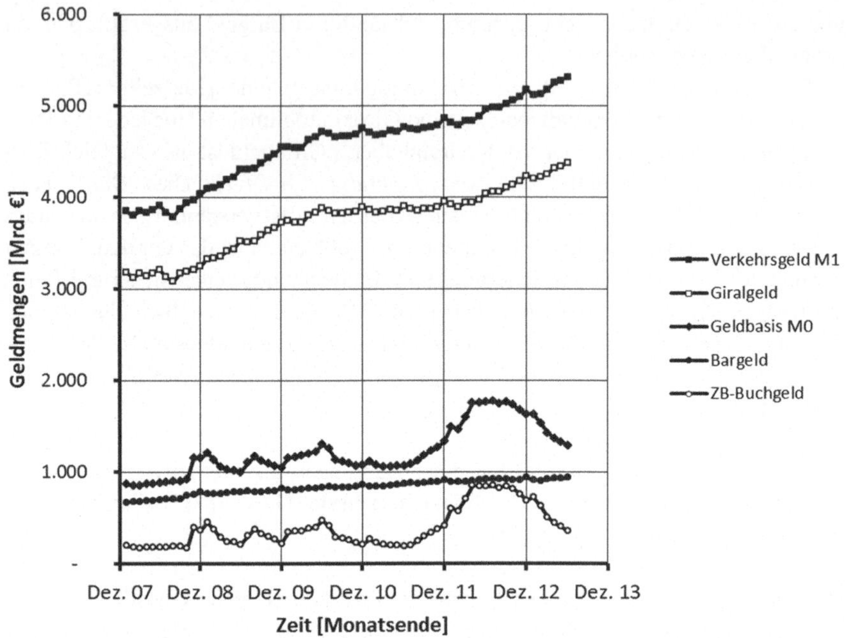

Abb. 2.2 Veränderung der Geldmengen im Eurosystem

(Quelle: European Central Bank, Statistical Data Warehouse *Verkehrsgeldmenge M1* Bargeld + Giralgeld; *Geldbasis M0* Bargeld + Zentralbankbuchgeld)

Über das Angebot von *Zentralbankbuchgeld* in unterschiedlicher Menge zu passenden Zinsen und durch den An- und Verkauf von *Offenmarktpapieren* kann eine Zentralbank direkt nur die *Geldbasis M0* verändern, d. h. die relativ kleine Summe von Bargeld und Zentralbankbuchgeld, die im europäischen Währungssystem etwa ein Fünftel der Gesamtgeldmenge beträgt (s. Abb. 2.2). Sie kann über ihre *Leitzinsen* die Kreditvergabe der Geschäftsbanken an Nichtbanken und die Entwicklung der Giralgeldmenge nur wenig beeinflussen (s. u). Durch den Kauf und Verkauf von Anleihen, Devisen, Gold oder anderen Anlagegütern von bzw. an Nichtbanken kann eine Zentralbank das Erzeugen und Vernichten von Giralgeld induzieren und damit zur Änderung der Giralgeldmenge beitragen, aber deren Größe und Entwicklung nicht allein bestimmen.

Auch bei nahezu unbegrenztem Angebot zu extrem niedrigen Zinsen beschafft sich eine Geschäftsbank nur dann über ihren Bedarf zum Zahlungsausgleich hinaus weiteres Zentralbankbuchgeld, wenn sie es gewinnbringend verwenden kann. Da sie es nicht an Nichtbanken weiter verleihen können, verwenden die Geschäftsbanken überschüssiges Zentralbankgeld für den Interbankenzahlungsausgleich und für den Eigenhandel auf den Finanz- und Devisenmärkten. Wenn der Eigenhandel nicht mehr gewinnbringend oder zu riskant ist, müssen sie das nicht benötigte Zentralbankbuchgeld auf den Konten bei der Zentralbank ruhen lassen. So ist, wie Abb. 2.2, zeigt, die Geldbasis im Eurosystem seit 2007 mehrfach steil angestiegen und anschließend wieder gefallen, ohne dass sich die Giralgeldmenge entsprechend verändert hat.

Weil Zentralbankbuchgeld nicht in die Realwirtschaft gelangen kann, lassen sich auch die mit der *quantitativen Lockerung* (QE: *quantitative easing*), d. h. mit dem anhaltenden Ankauf großer Anleihemengen durch eine Zentralbank angestrebten Ziele, wie höhere Inflationsrate, Wirtschaftsbelebung und geringere Arbeitslosigkeit, nicht in dem angestrebten Ausmaß erreichen (Kjell und Mthuli 2013). Der massenhafte Anleihekauf der Zentralbank bewirkt hingegen steigende Anleihekurse, fallende Renditen und niedrigere Zinsen. Die Kursgewinne und ansteigenden Vermögenspreise begünstigen die Vermögensbesitzer. Die extrem niedrigen Zinsen entlasten die Schuldner und erleichtern die Kreditaufnahme. Wenn jedoch die Zinsen abzüglich Steuern unter das Ausfallrisiko sinken, unterbleibt die Kreditvergabe.

In der irrtümlichen Annahme, damit die Kreditvergabe an Unternehmen und Haushalte zu stimulieren, erzeugen die Zentralbanken nicht nur immer größere Mengen von Zentralbankbuchgeld. Sie erheben seit einiger Zeit auch noch *Negativzinsen für Zentralbankguthaben,* die über die Mindestreserve hinausgehen, obgleich das Zentralbankgeld nicht auf Girokonten transferiert und daher nicht an Nichtbanken verliehen werden kann. Auch staatliche Institutionen müssen seither für ihre Zentralbankguthaben Negativzinsen zahlen. Das wird damit begründet, dass eine Befreiung der staatlichen Konten von den Negativzinsen unerlaubte Staatsfinanzierung sei, obgleich die Erträge daraus später als Gewinn an den Staat ausgeschüttet werden.

Geschäftsbanken begründen mit den Negativzinsen der Zentralbank *Negativzinsen für Girokontoguthaben,* insbesondere für sehr hohe Guthaben. Die Girokontenguthaben werden jedoch nicht bei der Zentralbank angelegt und sind nur minimal mit Zentralbankreserven abgesichert. Sie erbringen bei positiver Verzinsung der Mindestreserven geringe Einnahmen und verursachen keine Bestandskosten. Die Behauptung der Geschäftsbanken, sie würden nur die Negativzinsen der Zentralbank an die Girokonteninhaber „weitergeben", ist daher eine Täuschung. Negativzinsen für die Girokontoguthaben von Sozialkassen, Pensionsfonds, Versicherungen und Unternehmen, die diese benötigten, um ihre laufenden Zahlungsverpflichtungen zu erfüllen, schaden der Wirtschaft und belasten die Privathaushalte, zumal die zeitweise sehr hohen Girokontoguthaben nicht durch die Einlagensicherungsfonds geschützt sind. Die widersprüchliche Geldpolitik der Zentralbanken und das Fehlverhalten der Geschäftsbanken untergraben das Vertrauen in das Geld und gefährden die Finanzstabilität.

Geldbilanzierung und Geldschöpfungsgewinne

3

Das Herstellen und Inverkehrbringen von neuem Münzgeld werden in der Zentralbankbilanz anders verbucht als das Schöpfen und Inverkehrbringen von Banknoten und Buchgeld. Münzen sind *Aktivgeld* und stehen auf der Aktivseite der Bilanz. Banknoten und Buchgeld sind *Passivgeld* und werden als Verbindlichkeit auf der Passivseite verbucht (Gudehus 2013; Mayer(Ke) und Huber 2014; McLeay et al. 2014, S. 4 ff.; McMillan 2014; Mayer(Kö) 2014).

Münzen werden im Auftrag des Staates hergestellt und von der Zentralbank in begrenzter Menge bevorratet. Der Münzbestand wird in der Zentralbankbilanz zum Nominalwert aktiviert. Das führt bei jeder Aufstockung des Münzvorrats zu einem *originären Münzgewinn*, der sogenannten *Seigniorage*, die gleich dem Nominalwert abzüglich der Herstellkosten ist. Die Münzen werden an die Geschäftsbanken auf Kredit oder gegen Zentralbankbuchgeld verkauft und von diesen in den Verkehr gebracht. Damit verschwinden sie aus der Zentralbankbilanz.

Banknoten werden im Auftrag der Zentralbank hergestellt und ebenfalls in begrenzter Menge auf Vorrat gehalten. Die Zentralbankbilanz wird mit den Herstellkosten belastet, der Banknotenbestand aber nicht als Aktivum verbucht. Die Banknoten werden an die Geschäftsbanken in der nachgefragten Menge und Stückelung auf Kredit oder gegen Zentralbankbuchgeld abgegeben und von diesen in den allgemeinen Zahlungsverkehr gebracht. Die Banknoten im Verkehr bleiben als Verbindlichkeit der Zentralbank auf der Passivseite der Bilanz stehen. Bei der Herausgabe von Banknoten gegen Buchgeld bleibt die Aktivseite der Zentralbankbilanz unverändert, während auf der Passivseite das Buchgeldguthaben der Geschäftsbank sinkt und der Banknotenbestand im Verkehr um den gleichen Betrag ansteigt. Werden Banknoten gegen Kredit herausgegeben, steigt auf der Aktivseite der Zentralbankbilanz der Forderungsbestand und auf der Passivseite der Banknotenbestand (Issing 2003, S. 59 ff.).

© Springer Fachmedien Wiesbaden 2016
T. Gudehus, *Neue Geldordnung*, essentials, DOI 10.1007/978-3-658-13122-7_3

Anders als beim Münzgeld entsteht bei dieser Art der Bilanzierung weder mit der Herstellung und noch bei der Herausgabe von Banknoten ein originärer Geldschöpfungsgewinn. Dafür aber nimmt bei einer Herausgabe der Banknoten gegen Kredit der Forderungsbestand der Zentralbank zu. Daraus erhält die Zentralbank für die Laufzeit des Kredits Zinsen, die zu einem *sekundären Geldschöpfungsgewinn* führen. Bei Herausgabe gegen Buchgeld werden von der Zentralbank Zinsen für das Zentralbankguthaben der Geschäftsbank eingespart, solange der Einlagenzinssatz positiv ist. Auch das trägt zum sekundären Geldschöpfungsgewinn bei.

Zentralbankbuchgeld entsteht durch die Buchung eines Geldbetrags, der zuvor nicht existiert hat, auf das Einlagekonto einer Geschäftsbank bei der Zentralbank (*fiat money*), wenn die Geschäftsbank Bargeld einzahlt, bei der Zentralbank einen Kredit aufnimmt oder wenn sie Wertpapiere, Devisen, Gold oder andere Anlagegüter an die Zentralbank verkauft (Issing 2003, S. 59 ff.). Anders als beim Bargeld besteht im heutigen Geldsystem für die Buchgeldschöpfung der Zentralbank keine Begrenzung. Eine Zentralbank kann daher nach eigenem Ermessen in beliebiger Menge Buchgeld erzeugen.

Bei der Buchgelderzeugung gegen Kredit steigt auf der Aktivseite der Zentralbankbilanz der Forderungsbestand. Bei Buchgelderzeugung für den Ankauf eines Anlageguts steigt das Anlagevermögen. Wie die Banknoten verbleibt das erzeugte Zentralbankbuchgeld auf der Passivseite als Verbindlichkeit in der Zentralbankbilanz. Auch bei der erzeugung von Buchgeld entsteht daher kein primärer Geldschöpfungsgewinn. Stattdessen fallen laufend *sekundäre Geldschöpfungsgewinne* aus eingenommenen bzw. ersparten Zinsen an. Bei der Tilgung eines Zentralbankkredites oder bei einem Verkauf von Wertpapieren, Devisen oder Gold durch die Zentralbank wird Zentralbankgeld vernichtet, ohne dass daraus ein Bilanzverlust entsteht.

Das *Erzeugen und Vernichten von Giralgeld* werden von den Geschäftsbanken ebenso bilanziert wie die Buchgelderzeugung und Buchgeldvernichtung durch die Zentralbank. Giralgeld wird von einer Geschäftsbank nach eigenem Ermessen erzeugt (*fiat money*), indem auf das Girokonto eines Kunden ein Guthaben verbucht wird, wenn der Kunde Bargeld einzahlt, einen Kredit aufnimmt, der Bank Güter oder Leistungen verkauft oder von dieser Zinsen oder andere Zahlungen erhält. Giralgeld wird wieder vernichtet, wenn Kunden Bargeld abheben, einen Kredit tilgen oder der Bank Güter oder Leistungen abkaufen (Issing 2003, S. 61 ff.; McMillan 2014).

Rechtlich ist der Geldbestand auf dem Girokonto eine jederzeit einlösbare Forderung des Eigentümers zur Auszahlung in Bargeld oder zur Überweisung an Dritte. Entsprechend werden die Girokontenbestände in der Bilanz der Geschäftsbank als Verbindlichkeit verbucht. Aus den Zinsen für Kredite, die als Giralgeld ausgezahlt wurden, und aus den Erträgen der mit Giralgeld gekauften Staatsanleihen, Wertpapiere und anderen Vermögenswerte entstehen *sekundäre Geldschöpfungsgewinne*, die den Geschäftsbanken zufließen (s. Huber 2013; Gudehus 2013, S. 10 ff.).

Die Bilanzierung der Banknoten als Verbindlichkeit auf der Passivseite der Zentralbankbilanz erklärt sich daraus, dass Banknoten ursprünglich Gutscheine für hinterlegte Münzen oder Gold waren (Deutsch 2007). Diese Art der Bilanzierung wurde später für das Buchgeld übernommen. Sie ist jedoch keine Notwendigkeit. Im Zuge der Einführung einer neuen Geldordnung ist es vielmehr möglich, die Bilanzierung des Geldes zu ändern und Banknoten und Buchgeld wie bisher das Münzgeld statt als Passiva als Aktiva zu bilanzieren. Damit wird das gesamte Zentralbankgeld zu *Aktivgeld*.

Die Bilanzumstellung kann im ersten Schritt über eine Bilanzverlängerung erfolgen, aktivseitig durch Einbuchen von neuem Aktivbuchgeld in Höhe des Stichtagsbestands an Banknoten und altem Buchgeld und passivseitig durch Einbuchen eines Bilanzgewinns in gleicher Höhe. Anschließend werden passivseitig die Forderungen der im Verkehr befindlichen Banknoten ausgebucht und aktivseitig der Bestand an neuem Zentralbankbuchgeld entsprechend reduziert. Dadurch verkürzt sich die Zentralbankbilanz um den Banknotenbestand. Die alten Buchgeldguthaben auf der Passivseite bleiben Forderungen der Konteninhaber an die Zentralbank, die jederzeit als neues Zentralbankgeld ausgezahlt werden können.

Aus der Bilanzumstellung von Passivgeld auf Aktivgeld resultiert auf diese Weise bei der Zentralbank ein einmaliger *Umstellungsgewinn* in Höhe des Banknoten- und Buchgeldbestands. Nach der Neubilanzierung ergeben sich aus der Erzeugung von zusätzlichen Banknoten und Buchgeld weitere originäre Geldschöpfungsgewinne (s. Kap. 8). Der Umstellungsgewinn und die weiteren Geldschöpfungsgewinne können durch den Ankauf von Staatsanleihen und anderen Anlagegütern oder durch Ausschüttung an den Staat in den Verkehr gebracht werden. Das muss jedoch so erfolgen, dass die Verkehrsgeldmenge konstant bleibt und weder *Liquiditätsüberschüsse* noch ein *Liquiditätsengpässe* entstehen.[1]

---

[1] In (Gudehus 2013) werden die Bilanzierungsumstellung und Liquiditätssicherung genau beschrieben und die daraus resultierenden Gewinne anhand der konsolidierten Bilanz des Eurosystems für das Jahr 2010 berechnet.

Geldschöpfung und Staatsverschuldung

4

Zur Erfüllung seiner Zahlungsverpflichtungen gegenüber Nichtbanken benötigt der Staat Giralgeld. Dieses entsteht durch Anweisung von Zentralbankbuchgeld aus einem Zentralbankkonto des Staates an die Bank des Zahlungsempfängers mit der Maßgabe, diesem den angewiesenen Betrag auf seinem Girokonto gutzuschreiben. Dafür erzeugt die kontoführende Bank in gleicher Höhe neues Giralgeld (McLeay et.al. 2014 S. 14 ff.). Wenn eine Nichtbank eine unbare Zahlung an den Staat leistet, weist sie die Bank an, den Betrag von ihrem Girokonto abzubuchen und an ein Zentralbankkonto des Staates zu überweisen. Bei diesem Vorgang wird Giralgeld vernichtet.

In beiden Fällen, bei Zahlungen des Staates an Nichtbanken wie auch von Nichtbanken an den Staat, fließt Buchgeld zwischen dem Zentralbankkonto einer Bank und einem Zentralbankkonto des Staates. Dabei bleibt die gesamte Zentralbankbuchgeldmenge unverändert.

Zusätzliches Geld zur Finanzierung eines defizitären Haushalts oder größerer Projekte kann sich der Staat kurzfristig durch Kreditaufnahme und längerfristig durch die Emission von Anleihen beschaffen. Wenn wie im Eurosystem einer Zentralbank die Vergabe von Krediten an den Staat und der Direktankauf von Staatsanleihen verboten sind, muss sich der Staat das benötigte Geld über die Geschäftsbanken beschaffen.

Die Geschäftsbanken kaufen neu emittierte Staatsanleihen auf einer Auktion oder als Mitglied eines Emissionskonsortiums vom Staat und bezahlen diese mit bereits vorhandenem Zentralbankbuchgeld. Die Staatsanleihen werden von der Geschäftsbank in den Eigenbestand genommen oder an Nichtbanken weiterverkauft. Wenn die Nichtbanken dafür mit Giralgeld bezahlen, wird dieses vernichtet. Bei einem Staatsanleihekauf gegen Giralgeld sinkt also die Giralgeldmenge um den Anleihebetrag. Sie steigt anschließend durch die Auszahlungen des Staates an Nichtbanken, die mit der Staatsanleihe finanziert werden, wieder an. Wenn

© Springer Fachmedien Wiesbaden 2016
T. Gudehus, *Neue Geldordnung,* essentials, DOI 10.1007/978-3-658-13122-7_4

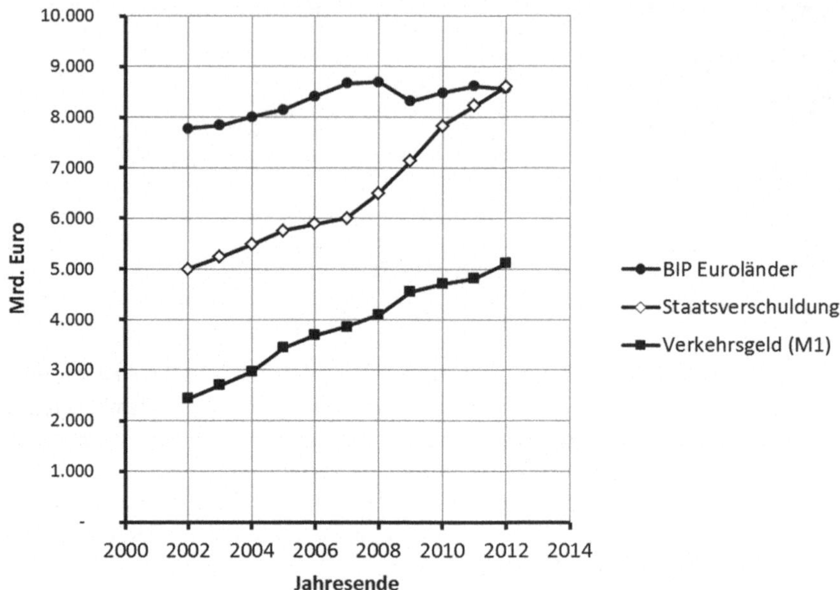

Abb. 4.1 Staatsverschuldung, Geldmenge und BIP im Eurosystem

(*Quelle*: European Central Bank, Statistical Data Warehouse)
Schulden zum BIP: 70 % (2006), 75 % (2008), 92 % (2010), 101 % (2012)

die Nichtbanken zum Kauf der Staatsanleihen bei den Geschäftsbanken Kredite aufnehmen, erzeugen diese zunächst Giralgeld, das ihnen als Kaufpreis für die Anleihen sofort wieder zufließt. Damit bleibt bei einem Staatsanleiheverkauf an Nichtbanken gegen Kredit die Giralgeldmenge zunächst unverändert. Sie steigt anschließend durch die mit der Anleihe finanzierten Ausgaben an.

Soweit es die Zentralbank zulässt, kann eine Geschäftsbank Staatsanleihen aus dem Eigenbestand an die Zentralbank verkaufen oder bei dieser als Pfand hinterlegen und damit ihre *Überschussreserve* erhöhen. Das erlaubt der Bank neues Giralgeld zu schöpfen und ermöglicht so den Verkauf weiterer Staatsanleihen an Nichtbanken gegen Kredit. Solange der Staat neues Geld benötigt und die Zentralbank eine Ausweitung der Zentralbankbuchgeldmenge zulässt, entwickelt sich auf diese Weise eine aufwärts verlaufende *Spirale der Staatsfinanzierung durch Giralgeldschöpfung*: Ankauf neu emittierter Staatsanleihen → Pfandhinterlegung → Reserveanstieg → Giralgeldschöpfung zur Finanzierung des Weiterverkaufs an Nichtbanken → erneuter Staatsanleihekauf → usw. Wie Abb. 4.1 zeigt, hat eine solche *Staatsfinanzierung durch Giralgeldschöpfung* im Eurosystem seit 2002 zu einem überproportionalen Anstieg der Staatsverschuldung in Relation zur BIP-Veränderung geführt. Parallel dazu ist die *Verkehrsgeldmenge* M1 aus Bargeld und Giralgeld angestiegen.

Wenn eine Zentralbank von den Geschäftsbanken Staatsanleihen kauft, erzeugt sie dafür neues Zentralbankbuchgeld. Das ist effektiv eine *Staatsfinanzierung durch Buchgeldschöpfung* der Zentralbank, auch wenn die EZB bestreitet, damit gegen das Verbot der Staatsfinanzierung durch Artikel 123 (1) AEUV zu verstoßen (Mensching 2014). Andere Zentralbanken sind nicht derart eingeschränkt.

Eine Staatsfinanzierung durch Zentralbankgeldschöpfung findet auch bei der extrem expansiven Geldpolitik der *quantitativen Lockerung* durch massenhaften Ankauf von Staatsanleihen statt (Kjell und Mthuli 2013). Mit anhaltendem QE-Programm steigen die Zentralbankguthaben der Geschäftsbanken immer weiter an. Zugleich wächst die Gefahr hoher Verluste der Zentralbank durch den Ausfall eines Teils der massenhaft aufgekauften Anleihen (*junk bonds*). Was am Ende mit der riesigen Buchgeldmenge geschehen soll, die sich auf den Zentralbankkonten der Geschäftsbanken ansammelt, und wie mit den Verlusten umzugehen ist, wenn sie das Eigenkapital der Zentralbank überschreiten, sind ungelöste Fragen (Danzmann 2015). Ob die mit einer extrem expansiven Geldpolitik angestrebten Ziele, wie Anheben der Inflation, Stimulation des Wirtschaftswachstums und Senkung der Arbeitslosigkeit, sinnvoll und erreichbar sind, ist zweifelhaft und umstritten (Gudehus 2015b; Kjell und Muthuli 2013).

Aus den Zinsen für die Staatsanleihen im Eigenbestand und für die Kredite an den Staat und an Nichtbanken zum Kauf von Staatsanleihen erzielen die Geschäftsbanken nahezu ohne Refinanzierungskosten laufend Erträge, die letztlich aus dem Staatshaushalt kommen. Darüber hinaus entstehen erhebliche Einnahmen aus Gebühren, Kursdifferenzen und Agio durch den Weiterverkauf und den Handel mit Staatsanleihen.

Anforderungen an eine neue Geldordnung

5

Die *Schwächen des heutigen Geldsystems* sind Rechtsunsicherheit, Intransparenz, fehlende Absicherung des Giralgelds sowie Gefahren für die Finanzstabilität und den Geldwert. Die *Folgen* sind ein schwindendes Vertrauen in das Geld, die Verstärkung von Konjunkturausschlägen und die wechselseitige Abhängigkeit von Staat und Geschäftsbanken. Ein weiterer gravierender Schwachpunkt des heutigen Geldsystems ist, dass die Gewinne aus der Giralgeldschöpfung den privaten Geschäftsbanken zufließen und nicht dem Staat, der nur die Geldschöpfungsgewinne der Zentralbank erhält.

Vertrauen in das Geld, eine sichere Geldordnung und reibungslos funktionierende Zahlungssysteme sind grundlegende Bedingungen für eine prosperierende Wirtschaft und das friedliche Zusammenleben der Gesellschaft (McMillan 2014). Das leistet das heutige Geldsystem nicht. Eine neue Geldordnung muss dazu folgende *Anforderungen* erfüllen:

A1: Rechtsverbindliche Definition des Geldes

A2: Trennung von Geld und Kredit

A3: Gesetzlich garantierte Sicherheit und uneingeschränkte Verfügbarkeit des Geldes

A4: Geldschöpfungsmonopol der Zentralbank

A5: Keine privaten Geldschöpfungsgewinne

A6: Sicherung des Geldwerts durch Begrenzung von Geldmenge und Geldschöpfung

A7: Lösung der monetären Abhängigkeit zwischen Staat und Geschäftsbanken

A8: Entschuldung und Befreiung des Staates vom Zwang zur anhaltenden Neuverschuldung

A9: Rechtssicherheit durch transparente, widerspruchsfreie und eindeutige Regelungen

© Springer Fachmedien Wiesbaden 2016

T. Gudehus, *Neue Geldordnung*, essentials, DOI 10.1007/978-3-658-13122-7_5

A10: Alleiniges Verfügungsrecht der Kontoinhaber über ihr Geld
A11: Transparente Geldpolitik unabhängig von der staatlichen Wirtschafts- und
　　　Finanzpolitik

Damit eine neue Geldordnung ohne Gefahren für die Wirtschaft implementiert werden kann, müssen darüber hinaus folgende *Einführungsbedingungen* erfüllbar sein:

E1: Problemlose Implementierung in begrenzter Zeit
E2: Beibehaltung der gewohnten Zahlungspraxis
E3: Keine Störungen und wesentlichen Mehrkosten des Zahlungsverkehrs
E4: Keine Gefährdung des Geldwertes durch übermäßige Ausweitung der Geldmenge
E5: Keine Liquiditätsengpässe durch Absinken der Geldmenge
E6: Rechtzeitige Information aller Beteiligten
E7: Formulierung und Verabschiedung eines Währungsgesetzes

Eine neue Geldordnung, die diese Anforderungen und Einführungsbedingungen erfüllt, würde die Probleme und Nachteile des heutigen Geldsystems beseitigen und ein anhaltendes Vertrauen der Menschen in das Geld begründen.

Die neue Geldordnung 6

In der neuen Geldordnung, deren Grundstruktur die Abb. 6.1 zeigt, ist das *Zentralbankgeld* in den Erscheinungsformen *Münzen, Banknoten* und *Buchgeld* alleiniges gesetzliches Zahlungsmittel. Auf dem *Sekundär-, Einzelhandels-* oder *Nichtbankengeldmarkt* wird zwischen den Banken und Nichtbanken mit dem gleichen Zentralbankgeld gehandelt wie auf dem *Primär-, Großhandels-* oder *Interbankengeldmarkt*. Diese Geldmärkte sind über die Geschäftsbanken miteinander verbunden, die für den eigenen Bedarf oder im Auftrag ihrer Kunden am Primärgeldmarkt größere Geldbeträge beschaffen und anlegen.

Neues Geld wird ausschließlich von der Zentralbank erzeugt. Es wird langfristig und irreversibel durch Gewinnausschüttungen an den Staat in den Zahlungsverkehr gebracht. Kurzfristig und reversibel kann Geld aus einem *Reservebestand* der Zentralbank, der eigens zu diesem Zweck geschaffenen wird, durch den Kauf und Verkauf von Offenmarktpapieren oder durch befristete Kredite in den Verkehr gebracht oder aus dem Verkehr gezogen werden.

Das Zentralbankbuchgeld befindet sich auf gesonderten *Geldkonten*, die von dafür zugelassenen Banken und Finanzdienstleistern verwaltet werden. Alles Geld ist damit durch die Zentralbank vollständig gesichert und für den Eigentümer unbegrenzt verfügbar. Die Zentralbank garantiert den jederzeitigen vollständigen Umtausch von Buchgeld in Bargeld und umgekehrt. Sie beaufsichtigt den Zahlungsverkehr und die Verwalter der Geldkonten.

Nach einer ausreichenden Vorbereitungszeit treten ab einem bestimmten Umstellungsdatum folgende *Regelungen der neuen Geldordnung* in Kraft:

R1: Gesetzliches Geld, alleiniges Zahlungsmittel und gültige Währung ist im gesamten Währungsgebiet das *Zentralbankgeld*. Es wird von der Zentralbank in der *Währungseinheit* „Euro" (€) mit der Unterteilung 1 € = 100 Cent in Form von

© Springer Fachmedien Wiesbaden 2016

T. Gudehus, *Neue Geldordnung*, essentials, DOI 10.1007/978-3-658-13122-7_6

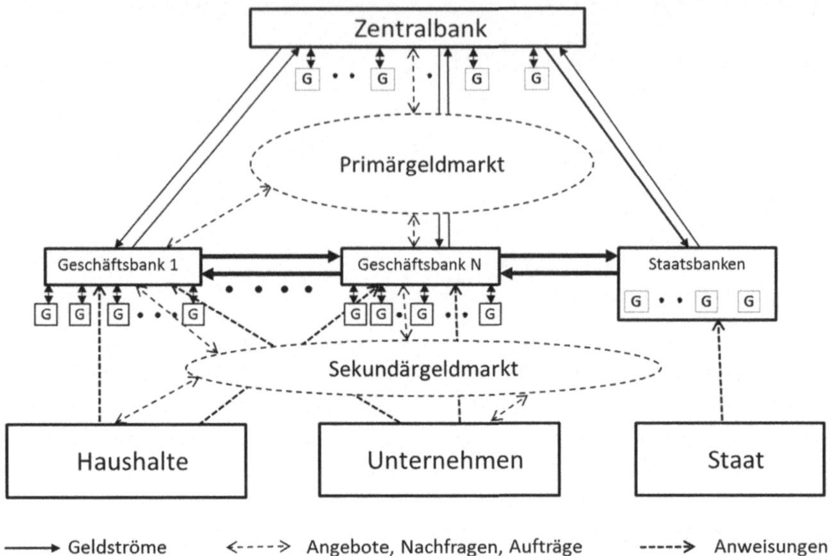

Abb. 6.1 **Grundstruktur des neuen Geldsystems (ohne Bargeldströme)**

G: außerhalb der Bankbilanz gesondert verwaltete Geldkonten

Münzen, *Banknoten* und *Buchgeld* ausgegeben (bzw. Dollar ($)/Pfund (£)/Schweizer Franken (SFr) …).

R2: Im gesamten Währungsgebiet muss jeder Wirtschaftsteilnehmer zum Ausgleich einer Zahlungsverpflichtung das gesetzliche Geld annehmen. Die Verwendung von Schecks und Wechseln ist im Rahmen der gesetzlichen Regelungen weiterhin zulässig. Schecks, Wechsel, Kredite und andere Geldforderungen müssen direkt in Zentralbankgeld eingelöst werden. Sie dürfen nicht anstelle von Geld als Zahlungsmittel verwendet werden.

R3: Alle Girokonten werden in *Geldkonten* und die Girokontenguthaben in Zentralbankbuchgeld umgewandelt. Die neuen Geldkonten werden aus der Bankbilanz ausgebucht, aber weiterhin von den Banken verwaltet. Ebenso werden die bestehenden Buchgeldkonten der Geschäftsbanken, Staatsbanken und anderer Institutionen bei der Zentralbank aus der Zentralbankbilanz ausgebucht und in Geldkonten umgewandelt, die von der Zentralbank verwaltet werden (s. Abb. 6.1). Außer den Geldkonten gibt es weiterhin Kreditkonten für Kontokorrentkredite der Bank an die Kunden und Anlagekonten für Spargeld und Termingeld der Kunden.

R4: Die Geschäftsbanken melden der Zentralbank laufend die Summenbestände aller Kundengeldkonten. Richterlich nicht autorisierte Einsichtnahmen und

Eingriffe in die Geldkonten der einzelnen Kunden einer Geschäftsbank sind der Zentralbank verboten.

R5: Geschäftsbanken und andere Institutionen dürfen kein Giralgeld oder anderes Ersatzgeld erzeugen. Kredite innerhalb des Währungsraums sind nur in Zentralbankgeld zulässig.

R6: Durch eine *Umstellung der Geldbilanzierung* werden Münzen, Banknoten und Buchgeld in *Aktivgeld* umgewandelt, das in den Bilanzen von Banken und Nichtbanken auf der Aktivseite verbucht wird. Durch die Umstellung des Noten- und Buchgeldbestands der Zentralbank in Aktivgeld entstehen erhebliche *Umstellungsgewinne*. Die Schaffung von zusätzlichem Zentralbankgeld ergibt weitere primäre *Geldschöpfungsgewinne*.

R7: Mit der Kontenumwandlung werden die Verbindlichkeiten der Geschäftsbanken gegenüber den Girokontoinhabern zu *Umwandlungskrediten* der Zentralbank an die Geschäftsbanken. Dadurch entsteht bei der Zentralbank ein *Umwandlungsgewinn* in Höhe der gesamten Girokontenguthaben. Damit den Geschäftsbanken daraus keine Refinanzierungskosten entstehen, sind die Umwandlungskredite bis zu einem bestimmten *Tilgungstermin* zinsfrei. Mindestreserven und staatliche Einlagensicherungsgarantien sind für die Geldkonten nicht erforderlich.

R8: Die Zentralbank erhält das Monopol zur Geldschöpfung. Die Schöpfung von zusätzlichem Geld beschließt allein die Zentralbank, wobei das Wachstum der Gesamtgeldmenge auf das Wirtschaftswachstum im Währungsgebiet begrenzt ist. Neues Zentralbankgeld wird langfristig durch Gewinnausschüttungen an die Mitgliedstaaten der Währungsunion in den Verkehr gebracht. Kurzfristig kann die Zentralbank die Verkehrsgeldmenge durch den Kauf und Verkauf von Offenmarktpapieren und durch Kredite mit begrenzter Laufzeit verändern.

R9: Die Umstellungs- und Umwandlungsgewinne werden von der Zentralbank anteilig an die Mitgliedstaaten der Währungsunion ausgeschüttet und von diesen zum Kauf eigener Anleihen und zur Tilgung von Schulden verwendet. Dabei wird durch eine *synchrone Geld- und Zahlungsdisposition* dafür gesorgt, dass die Tilgung der Umwandlungskredite nicht zu Liquiditätsengpässen führt und die Verwendung der Gewinne nicht zu Liquiditätsüberschüssen.

R10: Nach der erheblichen Entschuldung durch die Umwandlungsgewinne ist eine anhaltende Neuverschuldung der Staaten bei der Zentralbank verboten. Sie ist bei umsichtiger Haushaltspolitik nicht notwendig. Die Gewinne aus der Schöpfung von zusätzlichem Geld werden anteilig an die beteiligten Staaten ausgeschüttet, wenn diese die vereinbarten Verschuldungsgrenzen einhalten.

R11: Die Zentralbank ist zur Sicherung des Geldwertes verpflichtet und verantwortlich für eine flexible Geldversorgung. Um diese Ziele zu erreichen, betreibt sie als regierungsunabhängige Institution eine neutrale *Geldpolitik*.

R12: Die Grundsätze der Geldordnung und die Aufgaben der *Zentralbank* sind in einem *Währungsgesetz* festgelegt.

Die Regelung R1 legt rechtsverbindlich fest, was Geld ist, und erfüllt damit die Anforderungen A1 und A2. Danach sind „gesetzliches Geld", „gültige Währung" und „Zentralbankgeld" synonyme Begriffe für die gewohnte Bezeichnung „Geld". Die Währungseinheit (€, $, £, ¥ oder SFr) ist verbindliche *Recheneinheit* für Preisangaben, Geldmengen, Guthaben, Forderungen und Bilanzen sowie monetärer *Wertmaßstab* für Vermögen. Die *Gesamtgeldmenge* besteht aus der *Verkehrsgeldmenge*, die gleich der Summe aller Bargeld- und Buchgeldbestände außerhalb der Zentralbank ist, und einer *Reservegeldmenge*, die von der Zentralbank zur *Geldmengenregelung* benötigt wird (s. u.).

Rechtlich ist Geld eine unbefristete, jederzeit übertragbare Lizenz zur Nutzung als Zahlungsmittel. Münzen, Banknoten, Kontostandangaben, elektronisches Geld und andere *Erscheinungsformen des Geldes* sind legitime Informationsträger, die angeben, über welchen *Nennwert* der Besitzer einer Münze oder Banknote bzw. über welche *Geldmenge* ein Kontoinhaber verfügen kann. Weitere Vorgaben für den Zahlungsverkehr enthält das Währungsgesetz.

Die Anforderungen A3, A4 und A5 werden durch die Regelungen R1, R2 und R3 erfüllt. Die Zentralbank garantiert, dass das Buchgeld auf den Geldkonten gesetzliches Zahlungsmittel ist und jederzeitig in Münzen oder Banknoten umgetauscht werden kann. Die Geschäftsbanken verwalten die Geldkonten ihrer Kunden wie *Wertpapierdepots*, die von einem eventuellen Konkurs der Bank unberührt bleiben. Die Banken werden mit der Kontoverwaltung für ihre Kunden zu *Depositenkassen* und *Zahlungsdienstleistern*.

Die Anforderung A5 wird zusätzlich durch die Regelung R5 erreicht. Die Regelungen R8 und R11 dienen der Sicherung des Geldwertes gemäß Anforderung A6. Die Regelungen R1, R2 und R5 trennen entsprechend Forderung A2 Geld und Kredit: Geld ist Zahlungsmittel, Kredite sind Zahlungsverpflichtungen und kein Zahlungsmittel. Die Forderungen A7 und A8 werden durch die Regelungen R6 und R9 erfüllt. Der Schutz der einzelnen Geldkonten vor Einsichtnahme und Zugriff der Zentralbank und des Staates werden durch den letzten Satz von Regelung R4 und durch die in R11 und R12 geregelte Unabhängigkeit der Zentralbank vom Staat gesichert. Damit wird zugleich Forderung A10 erfüllt und die alleinige Verfügungsfreiheit der Kontoinhaber über ihr Geld gewährleistet.

Die Regelung R12 fordert ein *Währungsgesetz* und erfüllt damit die Anforderung A9. In dem Währungsgesetz sind entsprechend der Einführungsbedingung E7 alle wesentlichen Punkte der neuen Geldordnung eindeutig und unmissverständlich zu regeln (s. Kap. 12).

Einführung der neuen Geldordnung 7

Die neue Geldordnung lässt sich auf unterschiedlichen Wegen einführen. Damit es nicht zu Störungen der Wirtschaft kommt, müssen auf jedem Weg die Einführungsbedingungen E1 bis E7 aus Kap. 5 beachtet werden.

Ein von *Joseph Huber* und anderen vorgeschlagener Weg ist die *Stichtagseinführung* (Huber 2013; Binswanger 2012; Mayer(Ke) und Huber 2014):

- An einem angekündigten *Umstellungsdatum* wird alles Giralgeld in *Vollgeld* umwandelt, d. h. in vollständig gesichertes Zentralbankbuchgeld auf Geldkonten außerhalb der Bankbilanzen.

Ein anderer Weg, der das *100%-Money-Konzept* mit der *Vollgeldreform* verbindet, ist die *schrittweise Einführung der neuen Geldordnung* über eine ansteigende Girokontenreserve (Fisher 1935; Friedman 1960; Gödde 1985; Simons 1934; Benesh/Kumhof 2012):

- Ab einem bestimmten Zeitpunkt müssen alle Banken bei der Zentralbank eine gesonderte sicherungsübereignete *Girokontenreserve* halten, die schrittweise von einem vorgegebenen Anfangswert bis auf 100 % der Konteneinlagen angehoben wird.

Ein weiterer Weg ist der *gleitende Übergang zur neuen Geldordnung* über *Sicherheitskonten* (Gollan et.al. 2013; Gudehus 2014b; McMillan 2014):

- Ab einem Starttag kann jeder Inhaber eines Girokontos bei einer Bank oder bei einem zugelassenen Finanzdienstleister ein *Sicherheitskonto* zur Einzahlung, Aufbewahrung und Auszahlung von Zentralbankgeld eröffnen. Durch ein *Kundeneinlagensicherungskonto* bei der Zentralbank, dessen Bestand gleich der

© Springer Fachmedien Wiesbaden 2016
T. Gudehus, *Neue Geldordnung,* essentials, DOI 10.1007/978-3-658-13122-7_7

Summe der Sicherheitsgeldeinlagen ist und an die Konteninhaber sicherungs-übereignet ist, sind die Einlagen auf den Sicherheitskonten hundertprozentig gesichert und jederzeit vollständig verfügbar. Zahlungen mit Giralgeld sind weiterhin zulässig.

Die Zulassung des Besitzes von Zentralbankbuchgeld für Nichtbanken und dessen Verwendung als gesetzliches Zahlungsmittel in der Realwirtschaft ist auch notwendige Voraussetzung für die immer wieder diskutierte *Abschaffung des Bargeldes*. Ohne den Umtauschanspruch von Giralgeld in Zentralbankbuchgeld würde Giralgeld ohne Bargeld seine Kopplung an ein gesetzliches Zahlungsmittel verlieren.

In dem Maße wie Sicherheitskonten von den Kunden akzeptiert und für Zahlungszwecke genutzt werden, wird *selbstregelnd* immer mehr Giralgeld durch Zentralbankgeld abgesichert. Der gleitende Übergang zur neuen Geldordnung könnte ohne Gesetzesänderung beginnen, sobald eine Bank ihren Kunden Sicherheitskonten als „neues Produkt" anbietet. Sollte dazu keine Bank bereit sein oder die Bankenaufsicht die Einrichtung von Sicherheitskonten untersagen, wäre zu prüfen, ob und wie das Eigentumsrecht am bei der Bank deponierten Geld auf dem Weg einer Musterklage unter Verweis auf § 903 BGB, Art. 14 Abs. 1 GG und § 985 BGB erzwungen werden kann.

Der gleitende Übergang über Sicherheitskonten lässt sich mit der schrittweisen Einführung über eine ansteigende Girokontenreserve kombinieren. Beide Einführungswege haben den Vorteil, dass sich die Akteure langsam an die neue Geldordnung gewöhnen können. Bei eventuell auftauchenden Problemen können die Regelungen verbessert oder ergänzt und die Einführungszeit verlängert werden.

Bei allen drei Einführungswegen tritt am Ende ein *Währungsgesetz* in Kraft, das die Einzelheiten der neuen Geldordnung regelt. Damit werden alle Girokonten und Sicherheitskonten bei den Geschäftsbanken sowie die Buchgeldkonten bei der Zentralbank in Geldkonten umgewandelt (s. Kap. 12*)*. Nach der Verabschiedung des Währungsgesetzes wird eine längere *Vorbereitungszeit* benötigt, um die *Zahlungssysteme* anzupassen. Während dieser Zeit müssen die Geschäftsbanken neue Geschäftsmodelle für die Kreditrefinanzierung entwickeln und ihre *Gelddisposition* umstellen (s. Kap. 9*)*. Auch die Zentralbank muss ihre *Gelddisposition* und die *Geldpolitik* anpassen (s. Kap. 10).

Zur Umwandlung der Girokontoguthaben in Geldkonten, zur ansteigenden Absicherung der Girokonten bzw. für die Kundeneinlagensicherungskonten benötigen die Geschäftsbanken in erheblichem Umfang zusätzliches Zentralbankbuchgeld. Soweit dafür ihre *Überschussreserven* etwa aus den Erlösen eines *QE-Programms* nicht ausreichen, müssen sich die Geschäftsbanken das benötigte Zentralbankbuchgeld entweder durch Verkauf von Anlagevermögen oder durch befristete *Umwandlungskredite* bei der Zentralbank beschaffen.

Damit es infolge der Substitution des Giralgelds durch Zentralbankgeld nicht zu *Liquiditätsengpässen* kommt, muss die Zentralbank in ausreichendem Maß neues Zentralbankgeld in den Verkehr bringen. Das ist möglich durch den Aufkauf von Anleihen oder anderen Anlagegütern, durch Gewährung von befristet zinsfreien Umwandlungskrediten an die Geschäftsbanken oder durch Gewinnausschüttungen an die Mitgliedstaaten. Über die Höhe, Zeitpunkte und Wege für das Inverkehrbringen von neu geschöpften Zentralbankbuchgeld kann die Zentralbank dafür sorgen, dass es während der Einführung der neuen Geldordnung weder zu *Liquiditätsengpässen* noch zu *Liquiditätsüberschüssen* kommt (Gudehus 2014a).

Bei der schrittweisen Einführung wie auch beim gleitenden Übergang zur neuen Geldordnung kann die Neubilanzierung der Geldschöpfung bei der Zentralbank am Ende der Einführung aber auch zu einem früheren Zeitpunkt stattfinden. Eine vorgezogene Bilanzierungsumstellung hätte den Vorteil, dass bereits zum Umstellungszeitpunkt ein Zentralbankgewinn in Höhe des umgestellten Notengeld- und Buchgeldbestands entsteht. Danach entstehen laufend weitere Umwandlungsgewinne in Höhe der Zentralbankkredite an die Geschäftsbanken, die diese für die ansteigenden Girokontenreserven bzw. zum Auffüllen der Kundeneinlagensicherungskonten benötigen. Mit diesen Zentralbankgewinnen wäre ein frühzeitiger Beginn der Staatsentschuldung möglich, was die Akzeptanz der neuen Geldordnung fördern würde.

Für die rechtliche Einführung der neuen Geldordnung ist zu prüfen, welche Schritte zur Verabschiedung eines *Währungsgesetzes* erforderlich sind.[1] Das Initiativrecht für europäische Gesetze liegt in fast allen Aufgabenbereichen bei der *Europäischen Kommission*. Nach *Art. 241 AEUV* des Vertrags von Lissabon kann jedoch der *Rat der Europäischen Kommission* und nach *Art. 225 AEUV* das *Europäische Parlament* die Kommission auffordern, einen Vorschlag zu unterbreiten. Auch die Bürger der europäischen Union haben im Rahmen einer europäischen Bürgerinitiative nach *Art. 288 AEUV* das Recht, die Kommission zu einem Gesetzesvorschlag aufzufordern. Einen Gesetzesvorschlag könnte auch die europäische Zentralbank vorlegen, nachdem diese von der EU-Kommission mit der Ausarbeitung beauftragt wurde.

Es gibt also mehrere Quellen, Wege und Institutionen für die Ausarbeitung, Vorlage und Verabschiedung eines Gesetzes zur Einführung der neuen Geldordnung. Dafür ist zu klären, unter welchem Namen ein solches Gesetz die beste Aussicht

---

[1] Die von *J. Huber* für das Eurosystem und von *Ph. Mastronardi* für die Schweiz vorgeschlagene Implementierung der neuen Geldordnung durch Einfügen und Ändern einiger Passagen im Vertrag von Maastricht (Huber 2013) bzw. in der Schweizer Verfassung (s. *Mastronardi* in Binswanger et al. 2012, S. 55 ff.) würde die Intransparenz und Mehrdeutigkeit der Geldordnung noch weiter erhöhen.

auf Erfolg hat: „Währungsgesetz" (*currency act, currency law*), „Währungsver-fassung" (*monetary constitution*) oder „Geldgesetz" (*monetary law*). Davon hängt ab, ob dafür das ordentliche Gesetzgebungsverfahren nach *Art. 294 AEUV* oder ein anderes Verfahren zur Anwendung kommt. Da eine *Währungsverfassung* erheb-lich schwerer zu verabschieden ist als ein Gesetz, bestehen für ein *Währungsgesetz* größere Erfolgsaussichten. Welcher Weg auch immer eingeschlagen wird, zur Ab-stimmung wird der Entwurf eines geeigneten *Gesetzestextes* benötigt (s. Kap. 12).

Umwandlungsgewinne und Staatsentschuldung

8

Wenn das Währungsgesetz in Kraft tritt und damit die Bilanzierung der Geldschöpfung durch die Zentralbank neu geregelt wird, resultieren aus der einstufigen ebenso wie aus der schrittweisen und der gleitenden Einführung der neuen Geldordnung erhebliche *Umwandlungsgewinne*. Eine Vorstellung von der Größenordnung der zu erwartenden Umwandlungs- und Umstellungsgewinne für das *Europäische Währungssystem* (EWS) und der damit möglichen Staatsentschuldung der Mitgliedstaaten gibt die Tab. 8.1 (Gudehus 2013 und 2015a S. 439).

Wenn im Jahr 2010 in den Euroländern die neue Geldordnung eingeführt worden wäre, hätte sich aus der Umwandlung des Giralgeldbestands, der sich aus den Einlagen der *Girokonten* der Nichtbanken und der *Interbankenkonten* zusammensetzt, ein *Umwandlungsgewinn* von 4250 Mrd. € ergeben. Zusätzlich wäre aus der Umstellung der Bilanzierung der Zentralbankgeldbestände ein *Umstellungsgewinn* von 1887 Mrd. € entstanden. Davon resultieren 807 Mrd. € aus der Neubilanzierung der *Banknoten* und 1077 aus der Neubilanzierung des *Zentralbankbuchgelds*, das die Einlagen der Geschäftsbanken bei den Zentralbanken sowie die jederzeit auszahlbaren Guthaben der nationalen Zentralbanken (NZB) (*Target-Guthaben*), fremder Zentralbanken und des Internationalen Währungsfonds (IWF) umfasst.

Aus den Umwandlungs- und Umstellungsgewinnen hätte sich durch Einführung der neuen Geldordnung im Euroraum im Jahr 2010 ein *Gesamtumstellungsgewinn* von 6134 ergeben. Damit wäre es möglich, die Staatsschulden der Eurostaaten von 7831 Mrd. € oder 92 % des BIP bis auf 1697 Mrd. € oder 20 % des BIP zu senken. Wegen der angestiegenen Geldmengen ergeben sich für die Jahre nach 2010 noch höhere Gesamtumstellungsgewinne, die eine weitergehende Staatsentschuldung ermöglichen. Das heißt:

© Springer Fachmedien Wiesbaden 2016
T. Gudehus, *Neue Geldordnung*, essentials, DOI 10.1007/978-3-658-13122-7_8

Tab. 8.1 Geldmengen und Umstellungsgewinne im Euroraum (Mrd. €)

[a] Kassenbestand 1998 nach Angabe der Bundesbank 9 % des DM-Umlaufbestands
kursiv: vorläufige Werte
1.) Konsolidierte Ausweise des Eurosystems 2010 bis 2013
2.) European Central Bank, Statistical Warehouse
3.) Monatsberichte Deutsche Bundesbank
4.) Sinn 2012, Abb. 12.1

	2010	2011	2012	2013
1. Münzen	**23**	*24*	*25*	*26*
2. Banknoten (1.)	**807**	**887**	**904**	**957**
2.1 Bei Nichtbanken (Umlaufbestand)	734	807	823	871
2.2 Bei Kreditinstituten (Kassenbestand)[a]	73	80	81	86
3. Giralgeld	**4250**	**4353**	**4658**	**5897**
3.1 Der Nichtbanken (Einlagen auf Girokonten 2.)	3891	3953	4236	*4376*
3.2 Der Kreditinstitute (Einlagen auf Interbankenkonten	359	*400*	422	1521
4. Zentralbankbuchgeld	**1077**	**1847**	**1912**	**1285**
4.1 Der Kreditinstitute (Giroeinlagen + Einlfz. bei NZB und EZB 1.)	395	637	715	372
4.2 Der Mitgliedstaaten (Einlagen öffentl. Haushalte bei EZB u. NZB 1.)	121	65	97	66
4.3 Der nationalen Zentralbanken (NZB-TARGET-Guthaben)	463	930	860	680
4.4 Von Institutionen außerhalb EWS (Einlagen fremder ZB u. a. 1.)	47	159	185	114
4.5 Zugeteilte IWF-Sonderziehungsrechte (1.)	51	56	55	53
Geldbasis M0 (1.+2.+4.1)	1225	1548	1644	1355
Geldmenge M1 (1.+2.+3.1)	4721	4864	5165	5359
Verkehrsgeldmenge (1.+2.+3.+4.)	6157	7111	7499	8165
Gewinn aus Umbilanzierung Zentralbankgeldbestand (2.+4.)	1884	2734	2816	2242
Gewinn aus Umwandlung von Giralgeld in Zentralbankgeld (3.)	4250	4353	4658	5897
Gesamtumstellungsgewinn aus neuer Geldordnung (2.+3.+4)	**6134**	**7087**	**7474**	**8139**
Geldschöpfungsgewinn bei 2 % Verkehrsgeldmengenzuwachs	**123**	**142**	**150**	**163**
BIP Euroraum	**8480**	**8608**	**8557**	***8553***
Staatsschulden Euroraum	**7831**	**8226**	**8601**	***8750***
Relation zum BIP	92 %	96 %	101 %	102 %
Staatsschulden Euroraum bei neuer Geldordnung nach Umbilanzierung	**1697**	**1139**	**1127**	**611**
Relation zum BIP	20 %	*13 %*	*13 %*	*7 %*
Senkung der Staatsschulden	−78 %	−86 %	−87 %	−93 %

- Die Einführung der neuen Geldordnung führt einmalig zu einem enormen Gesamtumstellungsgewinn, mit dem eine erhebliche Staatsentschuldung möglich ist.

Nach Einführung der neuen Geldordnung ergeben sich aus der Schöpfung von zusätzlichem Zentralbankgeld laufend primäre *Geldschöpfungsgewinne*, über deren Verwendung die Mitgliedstaaten zu entscheiden haben. So hätten sich aus einer Ausweitung der Verkehrsgeldmenge um 2 % p. a. die in Tab. 8.1 angegebenen jährlichen Geldschöpfungsgewinne von 120 bis 163 Mrd. € ergeben.

Gelddisposition in der neuen Geldordnung 9

In der neuen wie in der alten Geldordnung müssen Haushalte, Unternehmen, Staat und Banken dafür sorgen, dass sie stets genügend Geld haben, um ihre Zahlungsverpflichtungen fristgemäß erfüllen zu können. Die Sicherung der erforderlichen *Liquidität* und die zur Überbrückung von vorübergehenden Unterdeckungen notwendige Aufnahme kurzfristiger Kredite sind Aufgaben der *Gelddisposition* (Gudehus 2015a, S. 340 ff.).

In der neuen Geldordnung ergibt sich ein besonderes Problem daraus, dass ein Geldkonto nicht überzogen werden kann. Um auch bei einem unzureichenden Kontostand Zahlungsverpflichtungen fristgemäß erfüllen zu können, müssen die Kunden mit ihrer Bank eine *Kontokorrent-Kreditvereinbarung* abschließen, die regelt, dass der zur Ausführung einer Zahlungsanweisung benötigte Betrag bis zu einer vereinbarten Kreditlinie rechtzeitig vom Geldkonto der Bank auf das Geldkonto des Kunden überwiesen wird. Um sich durch Ausleihen von Kundengeld refinanzieren zu können, müssen die Banken ihren Kunden attraktive Zinsen bieten und mit diesen *Geldanlagevereinbarungen* abschließen. Das erfordert neue *Strategien der Gelddisposition* (Gudehus 2015a, S. 340 ff.).

Eine *optimale Geld- und Zahlungsdisposition* ist vor allem für Unternehmen, Banken und Institutionen mit großen Zahlungsströmen und vielen Konten von Bedeutung. Sie können durch Zentraldisposition, Sammeldisposition und andere Strategien Kosten sparen und ihren Geldbedarf senken. Weitere Potentiale zur Senkung von Kosten und Geldbedarf ergeben sich durch Synchronisation von Ein- und Auszahlungen, Verrechnung, Zentralregulierung oder Zahlungsbündelung (Gudehus 2015a, S. 340 ff.).

Bei größeren Geldbeständen, die aus anhaltenden Zahlungsüberschüssen entstehen oder einmalig anfallen, sowie bei hohem Kreditbedarf für längere Zeiten kommen Aufgaben der *Anlageoptimierung* und der *Finanzplanung* hinzu. Wenn die Zinsen und Renditen abzüglich Verwaltungskosten und Steuern für alle möglichen

T. Gudehus, *Neue Geldordnung*, essentials, DOI 10.1007/978-3-658-13122-7_9

Geldanlagen unter die *Anlagerisiken*, wie Kursverlust, Abwertung, Zahlungsaus-
fall oder Konkurs, sinken, ist es vorteilhafter, überschüssiges Geld auf dem Konto
zu behalten und auf bessere Anlagemöglichkeiten zu warten. Ein zunehmender Anteil des liquiden Geldes dient dann nicht als Zahlungsmittel sondern ist *Wertspeicher*, der nicht für Investitionen zur Verfügung steht (Gudehus 2015a, S. 374 ff.).
Damit versagt das Hauptinstrument der *Geldpolitik*, durch niedrige Leitzinsen die
Wirtschaft zu stimulieren. Die Gefahr einer solchen *Liquiditätsfalle* durch *Geld-
stillegung* auf den Geldkonten besteht auch in der neuen Geldordnung (s. u.).

Wenn die Geschäftsbanken ihren Kunden geeignete Anlage- und Kreditkonten
anbieten, können Privathaushalte, Unternehmen und andere Nichtbanken in der
neuen Geldordnung ihr Geld ebenso disponieren und anlegen wie bisher. Auch
an den Möglichkeiten zur Geldbeschaffung durch Verkauf von Wertpapieren oder
Anlagegütern und zur Kreditaufnahme bei einer Bank oder anderen Kreditgebern
ändert sich nichts. Für die Geschäftsbanken aber entfällt in der neuen Geldordnung
die Möglichkeit der Kreditvergabe durch Schöpfung von Giralgeld. Sie können in
Zukunft nur noch Geld ausleihen, das auf eigenen Geldkonten vorhanden ist. Kurzfristig kann sich die Bank zusätzliches Geld durch Ausleihen bei ihren Kunden, bei
anderen Banken oder am Geldmarkt beschaffen. Mittel- bis langfristigen Geldbedarf kann sie durch Eigenkapital und Ausgabe von Anleihen decken.

Zur Erfüllung eines kurzzeitigen Spitzenbedarfs können sich die Geschäftsbanken in einem von der *Geldpolitik* begrenztem Umfang auch Geld von der Zentralbank ausleihen, wenn sie dafür die geforderten Sicherheiten bieten. In jedem Fall
müssen die Geschäftsbanken für ihre eigenen Geldkonten neue *Gelddispositions-
strategien* entwickeln, um bei minimalem Geldbestand eine hohe Zahlungs- und
Kreditvergabefähigkeit zu sichern.

Die Zinsen für das Geld, das sich die Geschäftsbanken in Zukunft ausleihen
müssen, um Kredite vergeben zu können, sind der Preis für die vollständige Sicherheit des Geldes in der neuen Geldordnung. Diese Refinanzierungszinsen reduzieren die Gewinne der Geschäftsbanken, soweit sie nicht auf die Bankkreditnehmer
abgewälzt gegeben werden. Das aber wird durch den Wettbewerb mit anderen
Banken und Nichtbanken begrenzt. Der *Preis für die Sicherheit des Geldes,* den
die bisher durch die Giralgeldschöpfung begünstigten Banken und Kreditnehmer
zahlen, ist weitaus geringer als die Geldschöpfungsgewinne der Zentralbank, die
Zinseinsparungen des Staates und die Kosten der heutigen Einlage- und Bankensi-
cherungseinrichtungen, die in der neuen Geldordnung entfallen (Gudehus 2014b).
Er ist eine Versicherungsprämie gegen die Störungen und den drohenden Zusam-
menbruch der heutigen Zahlungssysteme.

Auch die Zentralbank muss in der neuen Geldordnung ihre Gelddisposition
grundlegend ändern. Um in der Gesamtwirtschaft keine Liquiditätsengpässe entstehen zu lassen und den Geschäftsbanken und Staatsbanken jederzeit kurzfristige

Schwankungskredite geben zu können, benötigt die Zentralbank eine ausreichende *Schwankungsreserve*. Für eine aktive Geld- und Devisenpolitik ist zusätzlich eine *strategische Geldreserve* erforderlich. Die Höhe der benötigten Geldreserven der Zentralbank hängt von den Schwankungen des Gesamtgeldbedarfs der Wirtschaft, von der Gelddisposition und der Devisenpolitik der Zentralbank sowie von den dezentralen und zentralen Geldbeständen der Geschäftsbanken ab.

Insgesamt ist die Geldversorgung in der neuen Geldordnung weniger elastisch als im heutigen Geldsystem. Dass die Geschäftsbanken zu Spekulationszwecken kein Giralgeld mehr schaffen können, bewirkt jedoch grade die mit der neuen Geldordnung angestrebte Stabilisierung der Geld- und Finanzmärkte. Eine flexible Geldversorgung der Realwirtschaft ist zentrale Aufgabe der Geldpolitik der Zentralbank (s. u). Um die Höhe der dafür benötigten Geldreserven der Zentralbank zu ermitteln und Regeln für die Geldschöpfung zu entwickeln, die das Schöpfen von zusätzlichem Geld auf das prospektive Wachstum des Bruttosozialprodukts beschränken, sind weitere Forschung und Entwicklung erforderlich.

Konsequenzen für die Geldpolitik

10

Die heutige Geldpolitik ist umstritten, wechselhaft und intransparent. Trotz eines großen geldpolitischen Instrumentariums haben sich die Maßnahmen zur Stimulation der Realwirtschaft, wie zuletzt die quantitative Lockerung, als relativ wirkungslos erwiesen (Kjell und Mthuli 2013). Unter Ökonomen, Politikern und Zentralbanken besteht Uneinigkeit über die *Ziele*, die durch die Geldpolitik einer Zentralbank erreichbar sind und erreicht werden sollen. Weitgehende Übereinstimmung herrscht nur darüber, dass die Zentralbank primär zur *Sicherung des Geldwerts* und zur *flexiblen Geldversorgung* der Wirtschaft verpflichtet ist. Strittig ist, auf welche Höhe die Inflationsrate begrenzt und auf welche Weise die Liquidität der Wirtschaft gesichert werden soll. Noch umstrittener ist, ob auch Wirtschaftswachstum, Beschäftigung, Finanzmarktstabilität und andere Ziele durch die Geldpolitik erreichbar sind (Danzmann 2015; Galbraith 1998, S. 166 ff.; Hayek 1988; Huerta de Soto 2011; Issing 2003, 2009, 2013; Jarchow 2009; Maier-Rigaud 1998; Stark 2012; Straubhaar und Vögel 2012).

Eine Ursache der weitgehenden Wirkungslosigkeit einer expansiven Geldpolitik in der Realwirtschaft ist, dass die Zentralbank im heutigen Geldsystem nur die Zinsen auf dem Zentralbankgeldmarkt bestimmt. Sie kann damit die *Geldbasis* M0 verändern, aber nur indirekt die in der Realwirtschaft verwendete Giralgeldmenge. Durch den An- und Verkauf von Anleihen und anderen Vermögenswerten beeinflusst die Zentralbank jedoch die Kurse, die Renditen und damit auch das Zinsniveau auf den sekundären Geldmärkten (McLeay et al. 2014, S. 21 ff.).

In der neuen Geldordnung verfügt die Zentralbank über ein größeres und wirkungsvolleres Instrumentarium der Geldpolitik als heute. Die Kontrolle der gesamten Geldmenge, das Monopol zur Geldschöpfung und das Angebot von Geld, das auf allen Märkten verwendbar ist, in veränderlicher Menge zu unterschiedlichen Zinsen und Konditionen eröffnen der Geldpolitik neue Handlungsmöglichkeiten. Offen aber bleibt auch in der neuen Geldordnung, welche Ziele durch die Geldpoli-

© Springer Fachmedien Wiesbaden 2016
T. Gudehus, *Neue Geldordnung*, essentials, DOI 10.1007/978-3-658-13122-7_10

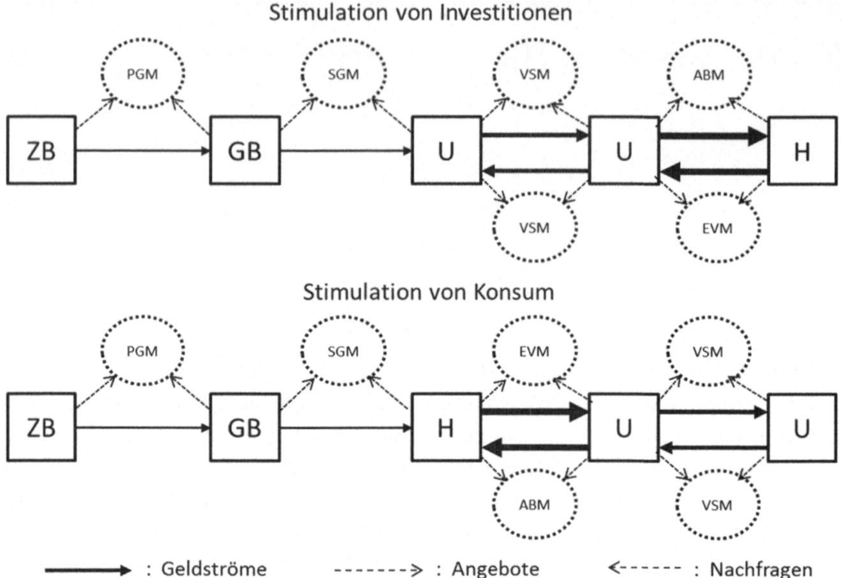

Abb. 10.1 **Geldpolitische Wirkungsketten**

ZB Zentralbank,   *GB* Geschäftsbanken,   *U* Unternehmen,   *H* Haushalte,
PGM Primärgeldmarkt,   *SGM* Sekundärgeldmärkte,
VSM Vorstufenmärkte,   *EVM* Endverbrauchermärkte,   *ABM* Arbeitsmärkte

tik der Zentralbank erreichbar sind, denn ob und in welchem Umfang die Haushalte, Unternehmen und Banken das Geldangebot der Zentralbank annehmen und für welche Zwecke sie das Geld verwenden, liegt weiterhin außerhalb des Einflusses der Zentralbank. Zu entscheiden ist außerdem, welche Ziele durch die *Geldpolitik* der Zentralbank und welche besser durch die *Wirtschafts- und Finanzpolitik* des Staates oder auf andere Weise erreicht werden sollten.

Zur Erläuterung sollen hier zwei zentrale *Wirkungsketten der Geldpolitik* betrachtet werden, die in Abb. 10.1 dargestellt sind. Im gegenwärtigen Geldsystem bietet die Zentralbank bei schwacher Konjunktur über diese Wirkungsketten den Geschäftsbanken zu günstigen Konditionen in größerer Menge Zentralbankgeld an. Das soll diesen ermöglichen, zusätzliches Giralgeld zu schöpfen und vermehrt Kredite an Unternehmen und Privathaushalte zu vergeben.

Wenn die Unternehmen das Angebot annehmen und das zusätzliche Giralgeld für Investitionen verwenden, führt das, wie in Abb. 10.1 oben dargestellt, über die Vorstufenmärkte zu erhöhten Umsätzen weiterer Unternehmen. Die Unternehmen benötigen zusätzliche Arbeitskräfte, die sie sich über den Arbeitsmarkt beschaffen, und bewirken dadurch höhere Beschäftigung und steigende Einkommen der Privathaushalte. Das ermöglicht höhere Konsumausgaben, die über die Endverbrauchermärkte an die Unternehmen zurückfließen und diese zu weiteren Investitionen veranlassen. Damit wäre das Ziel der Geldpolitik erreicht, über ein erhöhtes Geldangebot und günstige Zinsen den *Wirtschaftskreislauf* zu stimulieren, *Wachstum* anzuregen und die *Beschäftigung* zu verbessern. Diese Ziele werden auch über die in Abb. 10.1 unten gezeigte Wirkungskette erreicht, wenn die Privathaushalte das Angebot günstiger Konsumentenkredite annehmen, wenn das zusätzliche Geld über die Endverbrauchermärkte an die Unternehmen fließt und wenn diese es für Investitionen und zur Einstellung zusätzlicher Mitarbeiter verwenden.

Die vielen „Wenn" zeigen die zahlreichen Bedingungen, von denen das Erreichen der angestrebten Ziele abhängt. Die entscheidende Schwachstelle der ersten Wirkungskette ist, dass nur Unternehmen Kredite nachfragen, die das geliehene Geld gewinnbringend verwenden können, und nur Unternehmen Kredit erhalten, die ausreichende Sicherheiten bieten. Das sind vor allem größere Unternehmen, deren Investitionsentscheidungen jedoch kaum von der Zinshöhe abhängen (Galbraith 1998). Eine weitere Schwachstelle ist, dass die kreditwürdigen Unternehmen das geliehene Geld nicht notwendig für Investitionen verwenden, sondern zum Kauf anderer Unternehmen oder zur Spekulation, ohne damit einen Anstieg der Beschäftigung zu bewirken. Die Schwachstelle der zweiten Wirkungskette ist, dass nur kreditwürdige Privathaushalte Kredit erhalten. Viele dieser relativ reichen Haushalte aber haben kaum noch zusätzlichen Konsumgüterbedarf. Privathaushalte ohne Sicherheiten und mit geringem Einkommen erhalten auch bei niedrigen Zinsen keine Kredite, obgleich sie den höchsten Konsumgüterbedarf haben.

Die Ausschläge der Konjunkturzyklen werden im heutigen Geldsystem vielmehr dadurch verstärkt, dass Haushalte und Unternehmen, die während des Konjunkturaufschwungs in Erwartung steigender Einnahmen Kredite aufgenommen haben, in Phasen schwacher Konjunktur in Erwartung geringerer Einnahmen oder unter dem Druck der Banken alte Kredite tilgen statt neue Kredite aufzunehmen, auch wenn die Konditionen noch so günstig sind. Dadurch sinkt die Giralgeldmenge.

Die Grenzen der Geldpolitik, die aus dem unbestimmbaren Verhalten der Akteure resultieren, bleiben auch in der neuen Geldordnung bestehen. Die Gefahren sind sogar noch größer, weil sich die Geldmengen- und Zinspolitik der Zentralbank in der neuen Geldordnung unmittelbar auf allen Geldmärkten und nicht nur über die Geschäftsbanken auswirkt. Daher wird ein *Währungsgesetz* benötigt, das die Ziele der Geldpolitik vorgibt und den Handlungsspielraum der Zentralbank begrenzt (s.u.). Die Ziele der Geldpolitik können darin deutlich eingeschränkt werden, da die neue Geldordnung viele Probleme *per* se löst:

Durch die Senkung der Schulden mit den enormen Umwandlungsgewinnen wird der Schuldendienst, der die Staatshaushalte bisher stark belastet, erheblich reduziert. Diese Entlastung und die danach anfallenden Geldschöpfungsgewinne beenden die Abhängigkeit zwischen den Staaten und den Geschäftsbanken (s. Tab. 8.1). Damit entfällt auch der Zwang des Staates zur Neuverschuldung und es eröffnen sich für die Wirtschafts- und Finanzpolitik neue Handlungsspielräume.

Die Geldschöpfungsgewinne kommen nicht länger einer privilegierten Minderheit sondern der gesamten Gesellschaft zugute. Über die ausgeschütteten Geldschöpfungsgewinne hinaus ist eine Finanzierung des Staates durch die Zentralbank in normalen Zeiten nicht mehr erforderlich. Die Rechtsunsicherheit der heutigen Geldordnung wird beendet. Zwischen Geld und Kredit wird klar unterschieden. Damit lässt sich die Geldpolitik der Zentralbank von der Finanz- und Wirtschaftspolitik der Regierungen trennen. Das Banksystem wird stabiler, denn durch die Tilgung der Umwandlungskredite verkürzen sich die Bilanzen und steigt die Eigenkapitalquote der Geschäftsbanken.

Außerdem bewirkt die neue Geldordnung eine *Selbstregelung über den Markt*: Ohne aktive Geldpolitik, allein infolge einer konstant gehaltenen Gesamtgeldmenge sinken in Zeiten schwacher Konjunktur und fallender Kurse die Zinsen wegen der rückläufigen Kreditnachfrage. In Phasen der Hochkonjunktur und ansteigender Kurse steigen die Zinsen infolge der zunehmenden Kreditnachfrage. Auf diese Weise ergibt sich selbstregelnd eine Dämpfung übermäßiger Konjunkturzyklen und Kursausschläge an den Finanzmärkten (Brunnermeier 2013; Benes und Kumhof 2012; Huber 2013). Solange diese Selbstregelung über den Markt ausreichend ist, kann die Zentralbank eine *passive Geldpolitik* betreiben (Eucken 1952; Hayek 1988, S. 98 ff.; Huerta de Soto 2011; Mises 1924, S. 408 ff.).

Wenn sich die Selbstregelung als unzureichend erweist, ermöglicht die neue Geldordnung eine *antizyklische Geldpolitik*:

- Die Geldschöpfungsgewinne werden anteilig an gesonderte *Konjunkturausgleichsfonds* der Mitgliedsstaaten gezahlt, die in Phasen guter Konjunktur zusätzlich aus überschüssigen Steuereinnahmen gefüllt werden. In Phasen schwacher Konjunktur werden aus den Ausgleichsfonds Steuerausfälle kompensiert, Kurzarbeit finanziert und über staatliche Kreditanstalten gezielt Kredite für ausgewählte Förderprogramme bereitgestellt.

Weitere *Handlungsmöglichkeiten einer adaptiven Geldpolitik* sind der An- und Verkauf von *Offenmarktpapieren, Devisen* oder *Gold*.[1] Dadurch kann die Zentral-

---

[1] In der neuen Geldordnung ist Gold als Zahlungsmittel unzulässig. Zur Geldwertsicherung wird es nicht mehr benötigt. Die Zentralbanken können daher ihre Goldbestände verkaufen oder für die Geldpolitik einsetzen.

bank die Verkehrsgeldmenge kontrolliert verändern. Zum Ausgleich erheblicher wirtschaftlicher Störungen oder im Fall eines Notstands ist auch die Vergabe von Krediten an Geschäftsbanken und an staatliche Kreditanstalten möglich.

Auch eine *potenzialorientierte Geldpolitik* ist im Rahmen der neuen Geldordnung möglich (Huber 2013, S. 149 ff.). Fraglich ist jedoch, ob damit das angestrebte Wirtschaftswachstum erreichbar ist, denn das *Potenzialwachstum* einer Volkswirtschaft ist ein umstrittener Begriff (Maier-Rigaud 1998). In Staaten mit zunehmender *Bedarfssättigung* und *Überkapazitäten* kann zusätzliches Geld kaum noch Wachstum generieren, dafür aber Inflation infolge ansteigender Zahlungsbereitschaft. In den wirtschaftsstarken Regionen eines States oder einer Währungsunion, wie das Eurosystem, können die Kapazitäten und Ressourcen vollständig ausgelastet sein, während zu gleicher Zeit in wirtschaftsschwachen Regionen oder Staaten Unterauslastung und Arbeitslosigkeit herrschen. Das lässt sich nicht durch eine neutrale, für das gesamte Währungsgebiet einheitliche Geldpolitik der Zentralbank ausgleichen (s. u.).

Um Kriterien und Regeln zu entwickeln, welche der Handlungsmöglichkeiten einer Zentralbank unter welchen Umständen zum Einsatz kommen soll, sind weitere Forschung und Entwicklung erforderlich. Dazu gehören auch *nichtmonetäre Handlungsmöglichkeiten*, durch die sich Liquidität, Geldbedarf und Volatilität der Finanzmärkte beeinflussen lassen. Solche Handlungsmöglichkeiten sind die Verfügung von *Mindestrückübertragungszeiten* für Anlage- und Termingeldkonten (Huber 2013), *Kündigungsfristen* für Sparguthaben, *Mindesthaltezeiten* für bestimmte Wertpapiere und eine *haltezeitabhängige Finanztransferabgabe* (Gudehus 2010). Weitere Möglichkeiten sind Vorgaben für die *Geldreserven* der Geschäftsbanken. Durch *maximal zulässige Zahlungsfristen* auf den Endverbraucher- und Vorstufenmärkten ließe sich der Geldbedarf für den Zahlungsverkehr senken oder anheben.

Primäre *Aufgabe der Zentralbank* in der neuen Geldordnung ist die *flexible Geldversorgung der Realwirtschaft*, langfristig und irreversibel durch Ausschüttung von Geldschöpfungsgewinnen an den Staat, kurzzeitig und reversibel durch Offenmarktgeschäfte und Kurzzeitkredite an Geschäftsbanken und staatliche Banken. Dabei sollte sich die Geldpolitik auf folgende *Ziele* beschränken:

Z1: *Sicherung des Geldwertes*, soweit das über die von der Zentralbank kontrollierte Gesamtgeldmenge und die Zinsen erreichbar ist.

Z2: *Dämpfung von Konjunkturzyklen und Finanzmarktausschlägen*, soweit das im Rahmen der Grundsätze der Geldpolitik ohne Gefährdung des Geldwertes möglich ist (s. u.).

Die Förderung von Wirtschaftswachstum und Beschäftigung wie auch eine regionale oder branchenspezifische Strukturförderung gehören nicht zum Verantwortungsbereich der Zentralbank. Das sind Aufgaben der staatlichen Wirtschafts- und Finanzpolitik.

Über die Geldschöpfung und Ausschüttung von Zentralbankgewinnen entscheidet die Zentralbank. Über die Verwendung und Verteilung der ausgeschütteten Gewinne entscheiden Parlamente und Regierungen. Das gilt insbesondere für die Geldschöpfungsgewinne in einer Währungsunion.

Folgen für eine Währungsunion

Für eine *Währungsunion* müssen in der neuen Geldordnung die Aufgaben der nationalen Zentralbanken (NZB) der Mitgliedstaaten neu geregelt und Vorgaben für die Zahlungsausgleichssysteme gemacht werden. Die NZB dürfen nicht mehr – wie bisher im *Eurosystem* – eigenmächtig neues Geld schöpfen. Das ist erreichbar, indem die von der EZB geschaffene *Geldreserve* anteilig den NZB zugewiesen wird. Diese müssen durch Anpassung ihres Kreditzinssatzes dafür zu sorgen, dass die Summe der Kredite an die Geschäftsbanken und Staatsbanken die ihnen zugeteilte Geldreserve nicht überschreitet. Das kann zu unterschiedlichen Kreditzinsen der verschiedenen NZB führen.

In der neuen Geldordnung darf nur Geld überwiesen werden, das sich zum Zeitpunkt der Anweisung auf dem zu belastenden Geldkonto befindet. Über das *Zahlungsausgleichssystem* der Mitgliedsländer, wie das *Target-System* der Euroländer, fließt damit nur vorhandenes Geld. Ein verzögerter Saldenausgleich durch die NZB ist nicht mehr möglich. Anders als im heutigen Target-System, in dem angewiesene Auszahlungen sofort erfolgen, die dafür notwendigen Einzahlungen aber von den NZB erst mit Zeitversatz geleistet werden, können sich in der neuen Geldordnung keine *Targetkredite* und *Targetguthaben* mehr aufbauen (Sinn 2012).

Werden die bis zur Einführung der neuen Geldordnung aufgelaufenen Target-Kredite und Target-Guthaben in der konsolidierten EZB-Bilanz offen ausgewiesen, erhöht sich der Zentralbankbuchgeldbestand um die Summe der Target-Kredite. Durch die Umstellung der Bilanzierungsregeln entsteht dann ein zusätzlicher Umstellungsgewinn in Höhe der Target-Kredite, mit dem diese vollständig ausgeglichen werden können (Gudehus 2014a). Das ist gleichbedeutend mit einem Schuldenerlass und bedeutet eine einseitige Begünstigung der Mitgliedstaaten mit negativem Target-Saldo. Eine andere Lösung wäre, den zusätzlichen Umstellungsgewinn aus den Target-Krediten dem gesamten Umstellungsgewinn zuzurechnen und die Target-Kredite aus dem Gewinnanteil der verschuldeten Mitgliedstaaten

© Springer Fachmedien Wiesbaden 2016
T. Gudehus, *Neue Geldordnung,* essentials, DOI 10.1007/978-3-658-13122-7_11

auszugleichen. Damit verbleibt für diese Staaten ein geringerer Gewinn zur Tilgung ihrer übrigen Staatsschulden.

Nach Einführung der neuen Geldordnung kann ein Staat mit anhaltend negativer Leistungsbilanz nur solange einen Importüberschuss finanzieren und seine Zahlungsbilanz ausgleichen, wie ausländische Kreditgeber bereit sind, weitere Kredite an die Importeure und das Land zu vergeben. Ohne Kredite fallen die Importe und der Zahlungsstrom ins Ausland nimmt ab. Damit gehen auch die Exporte der Lieferstaaten zurück und die Zahlungsbilanz kommt zum Ausgleich. Bisher führte das durch ungebremst ansteigende Kreditvergabe aus den Überschussstaaten ständig zufließende Geld in den Staaten mit negativer Zahlungsbilanz zu höherer *Inflation*. Dadurch verschlechterte sich die Wettbewerbsfähigkeit der hoch verschuldeten Mitgliedstaaten gegenüber den Überschussstaaten der Währungsunion. In der neuen Geldordnung reduziert der bei zu hoher Verschuldung abnehmende Geldzufluss den Druck auf Löhne und Preise. So verbessert sich die relative Wettbewerbsfähigkeit. Auf diese Weise verhindert die neue Geldordnung *selbstregelnd* höhere Inflationsraten und übermäßig ansteigende Leistungsbilanzdefizite.

Zur *Entwicklung* einer konsistenten *Devisenpolitik* sind die *außenwirtschaftlichen Folgen* der neuen Geldordnung zu analysieren. So sind die internationalen Wechselwirkungen und die Verflechtungen über die *Bank für Internationalen Zahlungsausgleich* (BIZ), den *Internationalen Währungsfond* (IWF) und die *Weltbank* bei der Einführung einer neuen Geldordnung zu beachten (s. hierzu Huber 2013, S. 147 ff.). Auch die Möglichkeit des Austritts eines Staates aus einer Währungsunion muss für die neue Geldordnung in einem Währungsgesetz geregelt werden (s. u.).

Zur Abwehr schädlicher *Wechselkursänderungen*, wie sie z. B. die Schweiz in der Vergangenheit erfahren hat, ist es notwendig, dass die Zentralbank in der neuen Geldordnung neben einer Schwankungsreserve über eine *strategische Geldreserve* verfügen kann, aus der Devisen gekauft und in der Erlöse aus Devisenverkäufen stillgelegt werden. Sie wird nach Bedarf durch neu geschöpftes Buchgeld aufgefüllt und durch Geldvernichtung vermindert, wobei die Geldschöpfungsgewinne und Geldvernichtungsverluste passivseitig einer *strategischen Rücklage* zu- bzw. abgebucht werden. Aus der strategischen Geldreserve können auch die *Sonderziehungsrechte* bedient werden, die vom IWF gemäß dem Stimmenanteil der Mitgliedsstaaten zu Lasten der angeschlossenen Zentralbanken geschaffen und mit Auflagen an Staaten in monetärer Notlage verliehen werden (Bargelame 1981, S. 102 ff.).

Entwurf eines europäischen Währungsgesetzes 12

Die Forderung nach Rechtssicherheit wird durch ein *Währungsgesetz* erfüllt, das die Ziele, Grundsätze und wesentlichen Punkte der neuen Geldordnung für den betreffenden Staat bzw. das *Währungsgebiet* festlegt und regelt. Das Währungsgesetz bestimmt auch den Übergang zur neuen Geldordnung und die Änderung der Geldbilanzierung.

Entscheidend für die Akzeptanz der neuen Geldordnung ist das allgemeine Vertrauen in die Fähigkeit einer weisungsunabhängigen Zentralbank, den Geldwert zu sichern und nicht mehr neues Geld zu schaffen als für die gesamtwirtschaftliche Entwicklung erforderlich. *Walter Eucken*, der ebenfalls eine neue Geldordnung ohne private Geldschöpfung gefordert hat, hat die Problematik wie folgt auf den Punkt gebracht (Eucken 1952): „Die Erfahrung zeigt, dass eine Währungsverfassung, die den Leitern der Geldpolitik freie Hand lässt, diesen mehr zutraut, als ihnen im allgemeinen zugetraut werden kann." Daher müssen die Aufgaben, Handlungsmöglichkeiten und Ziele der Zentralbank in einem Währungsgesetz unmissverständlich und verbindlich festgelegt werden.

Geregelt werden müssen insbesondere die rechtliche Stellung der *Zentralbank* bzw. der *Europäischen Zentralbank* (EZB) und der *Nationalen Zentralbanken* (NZB), die Rangstufe der Geldwertsicherung und die Trennung der Geldpolitik von der staatlichen Finanz- und Wirtschaftspolitik. Hinzu kommt in einer Währungsunion die Verpflichtung der Zentralbank zur finanz- und wirtschaftspolitischen Neutralität gegenüber den einzelnen Mitgliedstaaten. Ein weiterer Regelungspunkt ist das Spannungsverhältnis zwischen der Unabhängigkeit der Zentralbank einerseits und deren rechtlicher Kontrolle andererseits. In einer neuen Geldordnung lässt sich auch das Ausscheiden eines Mitgliedstaates aus der *Europäischen Währungsunion* regeln. Es liegt jedoch auf der Hand, dass der hier zur Diskussion gestellte Vorschlag aufgrund der Komplexität der Thematik nicht sämtliche Fragen abschließend beantwortet.

© Springer Fachmedien Wiesbaden 2016
T. Gudehus, *Neue Geldordnung*, essentials, DOI 10.1007/978-3-658-13122-7_12

Das Währungsgesetz beschränkt sich auf die Regelung der *Geldordnung*. Bereiche der übrigen Rechtsordnung, wie die *Finanz- und Wirtschaftsordnung*, werden nur soweit neu geregelt, wie sie die Geldordnung betreffen. Der Text ist so allgemein wie möglich und nur so speziell und detailliert wie zum Erreichen der Gesetzesziele nötig. Die neuen Regelungen sollen mit der gewohnten Praxis vereinbar sein. Bestehende Gesetze werden beibehalten, soweit sie mit der neuen Geldordnung verträglich sind.[1]

Der nachfolgende *Entwurf eines Europäischen Währungsgesetzes* wurde gemeinsam mit *Christopher Mensching* aus Vorentwürfen des Verfassers erarbeitet, die seit Mitte 2012 mit Ökonomen, Bankfachleuten, Juristen und anderen diskutiert, verbessert und ergänzt wurden (Gudehus & Mensching 2016). Er ist mit einigen Anpassungen auch geeignet für die Einführung der neuen Geldordnung in einem Staat, in dem Staatsgebiet und Währungsgebiet zusammenfallen, wie England, Island oder die Schweiz. Hier entfallen alle Passagen, die die NZB und ihre Beziehungen zur Zentralbank betreffen, sowie § 9 und § 10, die den Beitritt zur und Austritt aus der Währungsunion regeln.

Präambel

Das reibungslose Funktionieren der Geldordnung und das Vertrauen in das Geld sind unerlässliche Bedingungen für eine prosperierende Wirtschaft und für das friedliche Zusammenleben der Gesellschaft. Das Erzeugen und Inverkehrbringen des Geldes in ausreichender Menge und die Sicherung des Geldwerts sind Aufgaben der *Europäischen Zentralbank (EZB)* und der *Nationalen Zentralbanken (NZB)* der Mitgliedsstaaten der *Europäischen Währungsunion (EWU)*. Die aus der Geldschöpfung resultierenden Gewinne sollen der Allgemeinheit zugutekommen. Um diese Ziele zu erreichen, haben die Mitgliedstaaten mit Verabschiedung dieses Währungsgesetzes eine Neuordnung des Geldwesens im gemeinsamen Währungsgebiet beschlossen.

§ 1 Währungshoheit, Währungsgebiet und Geltungsbereich

(1) Die Mitgliedstaaten der Europäischen Währungsunion üben die Währungshoheit im Währungsgebiet durch das *Europäische System der Zentralbanken (ESZB)* aus, das aus der Europäische Zentralbank und den Nationalen Zentralbanken besteht.

---

[1] *Ph. Mastronardi* und andere schlagen vor, die Vollgeldreform mit einer neuen Finanzmarktverfassung zu verbinden (Binswanger et al. 2012 S. 63 ff.). Abgesehen davon, dass die Reform der Geldordnung ausufern würde und kaum noch Aussicht auf Realisierung hätte, wird damit nicht die angestrebte Trennung der Geldpolitik von der Finanz- und Wirtschaftspolitik erreicht.

(2) Das Währungsgebiet umfasst die Hoheitsgebiete der Mitgliedstaaten der Europäischen Währungsunion.

(3) Das Währungsgesetz gilt für alle im Währungsgebiet ansässigen natürlichen und juristischen Personen und Rechtssubjekte.

§ 2 Geld und Währung

(1) Im gesamten Währungsgebiet ist das von der EZB emittierte gesetzliche Geld das allein zulässige und unbeschränkt gültige Zahlungsmittel.

(2) Die Währungseinheit des gesetzlichen Geldes ist der Euro (€) mit der Unterteilung in 100 Euro-Cent.

(3) Gleichwertige Erscheinungsformen des gesetzlichen Geldes sind das Bargeld in Form von Euro-Banknoten und Euro-Münzen sowie das Buchgeld auf Euro-Geldkonten und mobilen Euro-Geldspeichern.

(4) Die EZB gewährleistet gemeinsam mit den NZB den uneingeschränkten Umtausch von Buchgeld in Bargeld und von Bargeld in Buchgeld.

§ 3 Erfüllung monetärer Forderungen und zulässige Zahlungsarten

(1) Monetäre Forderungen auf Zahlung einer bestimmten Geldsumme können nur durch Übereignung von Bargeld, Einzahlung von Bargeld oder Übertragung von Buchgeld auf ein Geldkonto erfüllt werden. Es besteht kein Anspruch auf Erfüllung in einer bestimmten Erscheinungsform des Geldes, wenn diese nicht gesetzlich festgelegt ist oder die Parteien eine bestimmte Zahlungsart vereinbart haben.

(2) Die Verwendung von Geldsurrogaten und Geldsubstituten als allgemeines Zahlungsmittel ist von der NZB zu unterbinden. Tauschgeschäfte und Aufrechnen wechselseitiger Forderungen sind im Rahmen der Gesetze zulässig.

(3) Schecks, Wechsel und andere monetäre Forderungen dürfen nicht anstelle von Geld als Zahlungsmittel verwendet werden. Der Einsatz von Schecks oder Wechseln ist nur nach Maßgabe der hierfür geltenden gesetzlichen Bestimmungen zulässig.

§ 4 Europäische Zentralbank und Nationale Zentralbanken

(1) Die EZB und die NZB sind rechtlich selbstständige, von den Regierungen der Mitgliedstaaten weisungsunabhängige Institutionen, deren Organisation, Besetzung der Direktorien, Entscheidungsfindung und Zusammenarbeit in der Satzung des ESZB geregelt sind.

(2) Die EZB und NZB unterliegen der Verwaltungsgerichtsbarkeit und der Kontrolle durch die zuständigen Rechnungshöfe.

(3) Der Anteil der Mitgliedstaaten am Kapital und an den Gewinnen der EZB bestimmt sich zu 50 % aus dem Anteil der Bevölkerung und zu 50 % aus dem Anteil des Bruttoinlandsprodukts (BIP) der einzelnen Mitgliedstaaten. Die Anteile werden alle fünf Jahre überprüft und entsprechend angepasst.

§ 5 Geldregal und Geldmenge

(1) Die EZB ist im Währungsgebiet die alleinige Inhaberin des Geldregals. Das gesetzliche Geld wird ausschließlich von der EZB nach Maßgabe der gesetzlichen Bestimmungen in begrenzter Menge in den Verkehr gebracht und eingezogen.

(2) Der EZB obliegt die Steuerung der Geldmenge. Sie besteht aus einer Vorratsgeldmenge, die von der EZB zur Geldmengensteuerung benötigt wird, und der Verkehrsgeldmenge, die alles Bargeld außerhalb von EZB und NZB sowie alle Buchgeldbestände auf den zugelassenen Geldkonten und mobilen Geldspeichern umfasst.

(3) Zusätzliches Geld wird von der EZB langfristig und irreversibel durch Ausschüttung von Geldschöpfungsgewinnen an die Mitgliedstaaten in den Verkehr gebracht. Kurzfristig und reversibel kann die EZB Geld aus der Vorratsgeldmenge über Offenmarktgeschäfte, durch Kauf und Verkauf von Devisen und Anlagegütern sowie als kurzfristige Kredite gegen Sicherheiten in den Verkehr bringen und aus dem Verkehr ziehen.

(4) Der Zuwachs der Geldmenge ist von der EZB auf das mittlere Wachstum des Bruttosozialprodukts der Währungsunion zu begrenzen.

(5) Die Ausgabe und das Einziehen von Geld werden von der EZB wie ein Verkauf bzw. Rückkauf bilanziert. Die Vorratsgeldmenge wird in der Bilanz der EZB als Aktivum ausgewiesen. Sie kann von der EZB durch Erzeugen von neuem Bargeld oder das Einbuchen von neuem Buchgeld erhöht werden. Über die Ausschüttung des daraus resultierenden Geldschöpfungsgewinns beschließt die EZB.

(6) Die Gewinnausschüttung der EZB an die einzelnen Mitgliedstaaten kann davon abhängig gemacht werden, dass diese die vereinbarten Verschuldungsgrenzen einhalten.

§ 6 Aufgaben von EZB und NZB

(1) Gemeinsam mit den NZB sichert die EZB das Vertrauen in das Geld. Sie gewährleistet das störungsfreie Funktionieren der Geldordnung, garantiert die jederzeitige Verfügbarkeit der Guthaben auf den Geldkonten und kontrolliert in Zusammenarbeit mit den nationalen Aufsichtsbehörden den ordnungsgemäßen Betrieb der Geldbanken.

(2) Die EZB führt die Geldkonten der Zentralbanken anderer Währungsgebiete und internationaler Institutionen. Die NZB führen Geldkonten für die Mitgliedstaaten und in den Mitgliedstaaten ansässige Geldbanken. Sie verwalten zudem die Wertpapier-, Devisen- und Goldbestände der Mitgliedstaaten. Die NZB gewährleisten die Bereitstellung, den Umtausch und die Rücknahme von Münzen und Banknoten.

(3) EZB, NZB und Geldbanken betreiben elektronische Zahlungssysteme für den bargeldlosen Zahlungsverkehr, die nach den Regelungen des Währungsgesetzes arbeiten. Die Differenzen der Zahlungsströme zwischen Geldbanken, NZB und EZB sind täglich auszugleichen.

(4) Der ordnungsgemäße Betrieb der Zahlungssysteme wird von EZB und NZB in Zusammenarbeit mit den nationalen Aufsichtsbehörden kontrolliert.

(5) Die EZB und NZB haben Geld in der Menge und den Erscheinungsformen bereitzuhalten und in den Verkehr zu bringen, die für den reibungslosen Zahlungsverkehr im Währungsgebiet notwendig ist.

(6) Vorrangiges Ziel der EZB und NZB ist die Sicherung des Geldwerts. Soweit mit diesem Ziel verträglich, soll sich die Geldpolitik der EZB an der gesamtwirtschaftlichen Entwicklung im Währungsgebiet orientieren, Störungen der Geldversorgung verhindern und zur Verstetigung der gesamtwirtschaftlichen Entwicklung beitragen.

(7) Die EZB ist gegenüber den einzelnen Mitgliedstaaten zu finanz- und wirtschaftspolitischer Neutralität verpflichtet. Sie muss die Regierungen der Mitgliedstaaten laufend über ihre geldpolitischen Maßnahmen und deren Auswirkungen informieren.

(8) Der Kauf und Verkauf ausländischer Währungen durch die EZB und NZB dient primär der Sicherung wettbewerbsfähiger Wechselkurse und der Versorgung der Wirtschaft mit Devisen. Die Wechselkurspolitik der EZB ist mit der Außenhandelspolitik der Mitgliedstaaten abzustimmen.

(9) Langzeitkredite der EZB und NZB an die Mitgliedstaaten sowie der direkte Erwerb von Anleihen und anderer Schuldtitel der Mitgliedstaaten durch EZB oder NZB sind verboten. Die EZB darf am Sekundärmarkt nur in dem Umfang Staatsanleihen kaufen und verkaufen, wie dies im Rahmen der Geldpolitik notwendig und nach der Geschäftsordnung zulässig ist.

§ 7 Geldbanken und Geldkonten

(1) Geldkonten dürfen nur von EZB, NZB und zugelassenen Geldbanken außerhalb ihrer Bilanzen geführt werden.

(2) Geldbanken sind alle zur Führung von Geldkonten zugelassenen privaten und öffentlichen Institutionen.

(3) EZB und NZB führen Geldkonten nur für zugelassene Geldbanken des eigenen Währungsgebiets, Zentralbanken anderer Währungsgebiete sowie für ausgewählte staatliche und internationale Institutionen.

(4) Geldbanken, EZB und NZB verwalten die Geldkonten der Kontoinhaber weisungsgemäß und wickeln über diese den gesamten Zahlungsverkehr ab.

(5) Ausgereichte Darlehen der Geldbanken werden innerhalb der Bankbilanz auf Kreditkonten, bei Kunden aufgenommene Darlehen werden innerhalb der Bankbilanz auf Anlagekonten verbucht. Direktüberweisungen zwischen Anlage- und/oder Kreditkonten sind unzulässig.

(6) Die Überziehung von Geldkonten ist unzulässig. Um Zahlungsunfähigkeit zu vermeiden, kann der Kontoinhaber oder eine beauftragte Bank über ein Kreditkonto für die erforderliche Liquidität sorgen.

(7) Neu eingerichtete und aufgelöste Geldkonten sind der EZB unverzüglich zu melden. Die Geldbanken haben der EZB über die NZB täglich die kumulierte Summe der aktuellen Bestände der von ihnen verwalteten Geldkonten elektronisch zu übermitteln.

§ 8 Inkrafttreten und Umstellung

(1) Das Europäische Währungsgesetz tritt am 1. Januar 20. im gesamten Währungsgebiet in Kraft.

(2) Am Stichtag werden alle bei zugelassenen Kreditinstituten geführten Girokonten einschließlich der Interbankenkonten in Geldkonten umgewandelt und aus den Bankbilanzen ausgegliedert. Ebenso werden die Buchgeldkonten bei der EZB und den NZB in Geldkonten umgewandelt und aus deren Bilanzen ausgegliedert.

(3) Münzen, Banknoten und Buchgeld werden von der EZB und den NZB einheitlich als Aktiva bilanziert.

(4) Zum Stichtag melden die Geldbanken den NZB elektronisch die Summe der Guthaben auf den in Geldkonten umgewandelten Girokonten.

(5) Im Zuge der Ausgliederung aus der Bankbilanz wird die Summe der Verbindlichkeiten gegenüber Girokontoinhabern in einen Umstellungskredit der EZB an die betreffende Geldbank umgewandelt.

(6) Die Umstellungskredite der EZB sind von den Geldbanken in gleichen monatlichen Raten innerhalb von 5 bis 10 Jahren zu tilgen. Eine vorzeitige Tilgung der Umstellungskredite ist zulässig. Die Mindestreserven bei EZB und NZB werden freigegeben.

(7) Bis zum Ablauf der Tilgungsfristen bleibt der Umstellungskredit zinsfrei. Ein nach Fristablauf nicht getilgter Restkredit wird in einen verzinslichen Kredit der EZB umgewandelt.

(8) Die aus der Umstellung der Girokonten und der Bilanzierung resultierenden Gewinne werden von der EZB synchron zu den eingehenden Tilgungszahlungen für die Umstellungskredite freigegeben und anteilig den Geldkonten der Mitgliedstaaten gutgeschrieben. Die Bedingungen für die Ausschüttung des Umstellungsgewinns werden von der EZB in Abstimmung mit den Mitgliedstaaten festgelegt.

§ 9 Beitritt zur Europäischen Währungsunion

(1) Jeder Mitgliedstaat der Europäischen Union (EU), der die Verschuldungs- und Stabilitätsbedingungen der Währungsunion erfüllt, kann Mitglied der Europäischen Währungsunion werden, wenn er zuvor seine Geldordnung gemäß den Regelungen dieses Währungsgesetzes umgestellt hat. Der Beitritt erfordert die Zustimmung einer qualifizierten Mehrheit von 2/3 aller Mitgliedstaaten der bestehenden Europäischen Währungsunion, die zusammen mindestens 2/3 der Gesamtbevölkerung repräsentieren.

(2) Der Wechselkurs für den Umtausch der alten Währung des Beitrittsstaates in die Gemeinschaftswährung Euro wird zwischen der EZB und der NZB des Beitrittsstaates unter Berücksichtigung der vorangehenden Wechselkursentwicklung festgelegt.

(3) Zum Beitrittsstichtag wird von der nationalen Zentralbank des antragstellenden Staates eine Beitrittsbilanz erstellt. Nach Umrechnung auf Euro mit dem vereinbarten Wechselkurs sind die Beitrittsbilanz und die Bilanz der EZB für den Beitrittstag die Bemessungsgrundlagen für die Aufnahme der NZB des Beitrittsstaates in das System der EZB und NZB der Europäischen Währungsgemeinschaft. Der neue Mitgliedstaat wird über seine NZB nach Einbringen von Aktiva in die EZB in einer Höhe, die sich aus den Aktiva der EZB-Bilanz vor dem Beitritt und dem zukünftigen Anteil des Beitrittsstaates ergibt, zum Anteilseigner der EZB.

(4) Ab dem Beitrittstag wird der Euro im gesamten Währungsgebiet des neuen Mitgliedstaates zum gesetzlichen Zahlungsmittel. Die Guthaben aller Geldkonten bei der NZB und den Geldbanken des Beitrittsstaates werden am Beitrittstag im Verhältnis des festgelegten Wechselkurses auf Euro umgestellt. Die alten Banknoten und Geldmünzen können ab dem Beitrittstag bei der NZB und den Geschäftsbanken des Beitrittsstaates zum festgelegten Wechselkurs in Euro umgetauscht werden. Für eine befristete Übergangszeit ist die Verwendung der alten Banknoten und Münzen als Zahlungsmittel zulässig.

(5) Kredite, Anleihen, Forderungen und Zahlungsverpflichtungen, die am Beitrittstag auf die alte Währung des Beitrittsstaates lauten, werden mit dem festgelegten Wechselkurs auf Euro umgerechnet. Kredite, Anleihen, Forderungen

und Zahlungsverpflichtungen in Euro und anderen Währungen bleiben von der Aufnahme in die Europäische Währungsunion unberührt.

§ 10 Austritt und Ausschluss aus der Europäischen Währungsunion

(1) Bei Vorliegen eines wichtigen Grundes kann ein Mitgliedstaat auf eigenen Antrag aus der Europäischen Währungsunion austreten. Dem Austritt muss die einfache Mehrheit aller übrigen Mitgliedstaaten der Währungsunion zustimmen, die mindestens die Hälfte der Gesamtbevölkerung repräsentieren.

(2) Ein Mitgliedstaat der Europäischen Währungsunion, der die Verschuldungsregeln der Währungsgemeinschaft trotz mehrfacher Abmahnung nicht eingehalten oder der gegen Regelungen des Währungsgesetzes mehrfach grob verstoßen hat, kann aus der Währungsunion ausgeschlossen werden. Dem Ausschluss muss eine qualifizierte Mehrheit von 2/3 der übrigen Mitgliedstaaten der Europäischen Währungsunion, die zusammen mindestens 2/3 der Gesamtbevölkerung repräsentieren, zustimmen.

(3) Für den festgelegten Austrittsstichtag erstellt die EZB eine Trennungsbilanz, die Bemessungsgrundlage für das Herauslösen der NZB des Austrittsstaates aus dem System der EZB und NZB der Europäischen Währungsgemeinschaft ist. Mit dem Ausscheiden als Anteilseigner der EZB werden an die NZB des Austrittsstaates Aktiva und Passiva der EZB-Bilanz in einer Höhe übertragen, die dem Anteil des Austrittsstaates entspricht.

(4) Zwischen Austrittsstaat und EZB wird ein Austrittswechselkurs der neuen Währung in Relation zum Euro vereinbart.

(5) Am Austrittstag wird im gesamten Währungsgebiet des Austrittsstaates die neue Währung anstelle des Euro zum gesetzlichen Zahlungsmittel. Die Euro-Guthaben aller Geldkonten bei der NZB und den Geldbanken des Austrittsstaates werden am Austrittstag mit dem Austrittskurs auf die neue Währung umgestellt.

(6) Alle im Währungsgebiet des Austrittsstages ansässigen natürlichen und juristischen Personen und sonstigen Rechtssubjekte sind verpflichtet, ihre Euro-Banknoten und Euro-Münzen innerhalb einer bestimmten Umtauschfrist bei der NZB und bei den Geldbanken des Austrittsstaates in die neue Währung umzutauschen. Innerhalb einer bestimmten Umtauschfrist ist der Umtauschkurs gleich dem Austrittswechselkurs. Danach wird der Wechselkurs für Sorten freigegeben. Während der Umtauschfrist ist die Verwendung von Euro-Banknoten und Euro-Münzen als Zahlungsmittel im Austrittsstaat zulässig.

(7) Auf Euro lautende Kredite, Anleihen, Forderungen und Zahlungsverpflichtungen, die am Austrittstag zwischen natürlichen und juristischen Personen, staatlichen Institutionen und Banken im Austrittsstaat bestehen, werden mit

dem Austrittskurs auf die neue Währung umgerechnet. Alle anderen Kredite, Anleihen, Forderungen und Zahlungsverpflichtungen bleiben von dem Ausscheiden eines Staates aus der Europäischen Währungsunion unberührt.

§ 11 Geldfälschung und Geldbetrug

(1) Herstellung, Inverkehrbringen und Weitergabe nachgemachter oder gefälschter Banknoten und Münzen sowie das Verfälschen und Verändern echter Banknoten und Münzen sind verboten und von den Mitgliedstaaten unter Strafe zu stellen.

(2) Unbare Zahlungen sind nur mit Buchgeld auf zugelassenen Geldkonten und mobilen Geldspeichern zulässig. Die Verwendung von Geldsurrogaten und Geldsubstituten sowie die Manipulation von Geldkonten und mobilen Geldspeichern durch Verwendung unrichtiger oder unvollständiger Daten, durch unbefugte Verwendung von Daten oder sonst durch unbefugte Einwirkung auf den Ablauf eines Zahlungsvorgangs sind verboten und von den Mitgliedstaaten unter Strafe zu stellen.

§ 12 Sanktionen

(1) Die EZB überwacht die Einhaltung des Währungsgesetzes und der Verschuldungsregeln durch die Mitgliedstaaten.

(2) Verstöße gegen die Verschuldungsregeln oder andere Regelungen des Währungsgesetzes kann die EZB durch Abmahnung, Einbehalten von anteiligen Zentralbankgewinnen oder Konventionalstrafen sanktionieren.

(3) Bei Vorliegen eines wichtigen Grundes kann die EZB beantragen, dass die Mitgliedstaaten der Europäischen Währungsunion nach § 10 Abs. 2 über einen Ausschluss aus der Währungsgemeinschaft abstimmen.

§ 13 Anpassung bestehender Gesetze und Änderungsvorbehalt

(1) Das Europäische Währungsgesetz hat Vorrang vor allen bestehenden Gesetzen und Verordnungen der Mitgliedstaaten.

(2) Vom Europäischen Währungsgesetz abweichende Regelungen müssen innerhalb eines Jahres ab Inkrafttreten entsprechend angepasst werden. Fehlende Regelungen sind in der gleichen Zeit passend zu ergänzen.

(3) Änderungen oder Ergänzungen des Währungsgesetzes erfordern die Zustimmung einer qualifizierten Mehrheit von mindestens 2/3 aller Mitgliedstaaten, die zusammen mindestens 2/3 der Gesamtbevölkerung im Währungsgebiet repräsentieren.

Um die Geldordnung verfassungsrechtlich zu verankern, ist es notwendig, das deutsche Grundgesetz, die nationalen Verfassungen und die Europäischen Verträge anzupassen und zu ergänzen um den:

- *Artikel Geldordnung*: Im gesamten Staatsgebiet ist das von der EZB über die NZB emittierte Geld alleiniges gesetzliches Zahlungsmittel. Die Einzelheiten der Geldordnung sowie die Ziele und Aufgaben der EZB und NZB regelt das *Europäische Währungsgesetz*.

Zusammenfassung und Ausblick 13

Die wichtigsten Ergebnisse der neuen Geldordnung sind:

1. Das gesamte Giralgeld des heutigen Geldsystems wird ersetzt durch *Zentralbankbuchgeld*, das nur von der Zentralbank erzeugt wird. Damit ist alles gesetzliche Geld hundertprozentig gegen Bankeninsolvenzen gesichert.
2. Die heute als Passiva bilanzierten Banknoten und Buchgeldbestände werden in der Zentralbankbilanz wie bisher schon das Münzgeld als Aktiva bilanziert. Damit wird das kreditbasierte *Passivgeld* zu *Aktivgeld*.
3. Der *Umwandlungsgewinn*, der durch die Schaffung von neuem Aktivgeld zur Umwandlung des heutigen Giralgeldes in Zentralbankbuchgeld entsteht, kann zur Entschuldung des Staates verwendet werden, ohne dass sich die im Verkehr befindliche Geldmenge ändert.
4. Die Umwandlungsgewinne werden erst ausgeschüttet, wenn das den Geschäftsbanken zur Auszahlung der Girokontoguthaben geliehene Aktivgeld durch Tilgung der Umwandlungskredite an die Zentralbank zurückgeflossen ist. Nur dann entsteht bei der Einführung von Aktivgeld kein den Geldwert gefährdender Liquiditätsüberschuss.
5. Die Zentralbank kann und muss Liquiditätsengpässe verhindern durch das sukzessive Ausschütten der Umwandlungsrücklage an die Mitgliedsaaten, die zuvor aus den Umwandlungsgewinnen gebildet wurde.
6. Das von der Zentralbank mit den Umwandlungskrediten übernommene Ausfallrisiko ist durch die Umwandlungsrücklage abgedeckt.
7. Die neue Geldordnung ist einfach und transparent. Sie behebt die grundlegenden Schwächen des heutigen Geldsystems und begrenzt die Gefahren des Finanzsystems.

T. Gudehus, *Neue Geldordnung*, essentials, DOI 10.1007/978-3-658-13122-7_13

8. Die Gewinne aus der Umwandlung des Giralgeldes, aus der Aktivierung von Banknoten und Zentralbankbuchgeld sowie aus der zukünftigen Geldschöpfung kommen der Gesellschaft zugute.
9. Die systemische Gefahr der Geschäftsbanken für das Funktionieren der Zahlungssysteme wird beendet. Die Bankbilanzen verkürzen sich und die Eigenkapitalquoten steigen. Mindestreserven, Einlagensicherungssysteme und Bankensicherungsfonds entfallen soweit sie die Girokontenguthaben betreffen. Die Bankenregulierung vereinfacht sich.
10. Die Handlungsmöglichkeiten der Zentralbank werden eingeschränkt und durch das Währungsgesetz einer gesetzlichen Kontrolle unterworfen.
11. Die neue Geldordnung beseitigt die Konstruktionsfehler, Lücken, Instabilität und Widersprüche des *Eurosystems*.

Die Machtbeschränkung der Zentralbank durch das Währungsgesetz und ihre gesetzliche Kontrolle sichern Wirtschaft und Gesellschaft gegen eine Geldentwertung durch übermäßige Ausweitung der Geldmenge und eine unautorisierte Geldpolitik. Damit werden die verständlichen Bedenken gegen eine Zentralisierung der gesamten Geldschöpfung bei der Zentralbank ausgeräumt.[1] Es zeigt zugleich die Notwendigkeit eines Währungsgesetzes, das der Zentralbank Aufgaben zuweist, Ziele vorgibt und ihre Handlungsmöglichkeiten einschränkt.

Wegen der beschränkten Rolle der Zentralbank in der neuen Geldordnung ist es nicht sinnvoll, sie neben *Legislative*, *Judikative* und *Exekutive* als „*Monetative*" zur vierten Gewalt im Staate zu machen (Monetative 2015). Ähnlich wie ein Eichamt für die Einhaltung des Maßsystems sorgt, muss eine weisungsunabhängige *Zentralbank* für die Einhaltung der Geldordnung sorgen und im Rahmen ihrer Möglichkeiten den Geldwert sichern. Auch in der neuen Geldordnung kann die Zentralbank den Geldwert durch Begrenzung der Geldmenge nur bedingt sichern. Neben der Zentralbank sind auch weiterhin Staat, Wirtschaft und Gesellschaft für die Kaufkraft des Geldes verantwortlich.

Mit der neuen Geldordnung lassen sich viele Probleme lösen, die Folgen der Lücken und Fehler des heutigen Geldsystems sind. Abgesehen davon bietet die Einführung der neuen Geldordnung die einmalige Chance, die bedrohlich angestiegene Staatsverschuldung fast vollständig zurückzuführen. Das befreit den Staat vom bisherigen Verschuldungszwang und eröffnet der Wirtschafts- und Finanzpolitik neue Handlungsspielräume.

---

[1] Die Giralgeldschöpfung der Geschäftsbanken des heutigen Geldsystems ist gesetzlich weitgehend ungeregelt und unterliegt keiner wirksamen Kontrolle. Gegen eine Änderung des Währungsgesetzes durch den Gesetzgeber ist jedoch auch die neue Geldordnung nicht geschützt.

Eine neue Geldordnung kann jedoch nicht alle Probleme der Wirtschaft und Gesellschaft lösen. So ist es die Aufgabe der Finanz- und Wirtschaftspolitik, nicht der Geldpolitik, anhaltend negative Zahlungsbilanzen auszugleichen, extreme Schiefverteilungen von Einkommen und Vermögen zu verhindern oder abzubauen und deren Auswirkungen erträglich zu machen.

Wer die neue Geldordnung mit Forderungen, Vorschlägen und Erwartungen verbinden will, die sich damit nicht erfüllen lassen, gefährdet ihre Einführung. Dazu gehören Vorschläge wie *Regionalgeld, Bürgergeld, Helikoptergeld, private Konkurrenzwährungen, BitCoin* oder *Negativzinsen*. Abgesehen von der offenen Frage, ob sich die damit angestrebten Ziele erreichen lassen, sind diese Vorhaben mit hohen Kosten, Verwaltungsaufwand und Gefahren verbundenen, wie Betrug, Sicherungsausfall, Missbrauch zur Steuerhinterziehung, Geldwäsche oder Schwarzgeldtransfer. Sie verkomplizieren das Geldsystem statt es zu vereinfachen.

Bis zur Realisierung der neuen Geldordnung sind noch zahlreiche Fragen zu klären, viel Überzeugungsarbeit zu leisten und Widerstände zu beseitigen. Widerstände sind vor allem von den Banken und aus der Finanzwirtschaft zu erwarten, solange es nicht gelingt, die hier beschäftigten Menschen von den Vorteilen und Chancen zu überzeugen, die eine neue Geldordnung auch für ihre Tätigkeit mit sich bringt. Ein zentrales Argument ist:

- Eine sichere Geldordnung ist das Fundament für ein stabiles, funktions- und leistungsfähiges Wirtschafts- und Finanzsystem.

Im heutigen Geldsystem gibt es eine große Vielfalt von Kreditinstrumenten der Zentralbanken, wie *Notkredite* (ELA), *Langzeitkredite* (LTR) und *Anlagenkaufprogramme* (Anfa; OMT, QE). Hinzu kommen die *Rettungsfonds* der Euro-Staaten (EFFS; ESM), die *Einlagen- und Bankensicherungsfonds* sowie die verschiedenen *Finanzprodukte* der Geschäftsbanken, die von der Zentralbank und den NZB nach unterschiedlichen Regeln als Sicherheit akzeptiert werden. Nach Einführung der neuen Geldordnung ist es möglich, diese unnötige Vielfalt zu bereinigen und auf die realwirtschaftlich benötigten Kreditinstrumente und Finanzprodukte zu reduzieren (McMillan 2014; Roubini 2010).

Wegen Betrug, Fehlentwicklung und Missbrauch wurde im 19. Jahrhundert den privaten Banken das Recht entzogen, eigene Banknoten in den Verkehr zu bringen. Heute ist eine entsprechende Reform für das Giralgeld notwendig. Mit der neuen Geldordnung wird jedoch nur das Geld verstaatlich (Monetative 2015), aber nicht – wie von Gegnern behauptet – die Banken, die Zahlungssysteme und die Kreditvergabe.

Literatur

Alais, M. (1988). *L'Impot sur le capital e la reforme monétaire*. Paris: Hermann Éditeurs des Sciences et des Arts. (Nouvelle édition, Premiere édition (1977)).

Bargelame, M. (1981). *Die Sonderziehungsrechte im internationalen Währungssystem*. Berlin: Duncker & Humblot.

Benes, J., & Kumhof, M. (2012). The Chicago plan revisited; IMF Working Paper, WP/12/202; August 2012, revisited draft February 2013 in www.vollgeld.de unter Geldreform. I.

Binswanger, H. C., Huber, J., & Mastronardi, P. (2012). Die Vollgeld-Reform, Wie Staatsschulden abgebaut und Finanzkrisen verhindert werden können, Edition ZE!TPUNKT, Die nächste Schweiz, Solothurn.

Brunnermeier, M. (17. April 2013). Geldpolitik im Teufelskreis. *FAZ*, Nr. 90, S. 18.

Danzmann, M. (2015). Die Endlagerung von Verlusten in der Zentralbankbilanz am Beispiel der Europäischen Währungsunion. *Zeitschrift für Sozialökonomie, 184–185*, 48 ff.

Eurostat-Datenbank. (2012). BIP und Hauptkomponenten, Bruttoverschuldung des Staates.

EZB. (2010). Konsolidierter Ausweis des Eurosystems zum 1. Januar 2010, Europäische Zentralbank, Pressemitteilung, Direktion Kommunikation. www.ecb.int.

Eucken, W. (1952). *Grundsätze der Wirtschaftspolitik*. Tübingen: Neuauflage UTB.

Fisher, I. (1935). *100%-Money* (Übersetzung Karwat K. (2007), 100%-Geld). Kiel: Verlag für Sozialökonomie.

Friedman, M. (1960). *A program for monetary stability*. New York: Fordham University Press.

Galbraith, J. K. (1998). *The affluent society* (40. Aufl.). New York: Mariner Books, Houghton Mifflin Company. (1. Aufl. 1958).

Gocht, R. (1975). *Kritische Betrachtungen zur nationalen und internationalen Geldordnung* (2. Aufl.). Berlin: Duncker & Humblot.

Gödde, R. (1985). Der Chicago-Plan. *WISU, 14*(11), 525 ff. (November 1985).

Gollan, G., Hanten, M., & Mayer (Frankfurt), T. (2013). Die sichere Einlage ist möglich, aber nicht kostenlos, Gastbeitrag, Börsenzeitung Nr. 237, 10.12.2013, S. 5.

Görgens, E., Ruckriegel, K., & Franz, S. (2008). *Europäische Geldpolitik* (5. Aufl.). Stuttgart: UTB Lucius & Lucius.

Gudehus, T. (2010). Eine differenzierte haltezeitabhängige Finanztransferabgabe. www.TimmGudehus.de. unter Publikationen/Ökonomie.

© Springer Fachmedien Wiesbaden 2016   57
T. Gudehus, *Neue Geldordnung*, essentials, DOI 10.1007/978-3-658-13122-7

Gudehus, T. (2013). Geldordnung, Geldschöpfung und Staatsfinanzierung. *ZfW Zeitschrift für Wirtschaftspolitik, 62*(2), 194–222.

Gudehus, T. (2014a). Notwendigkeit, Regelungen und Konsequenzen einer neuen Geldordnung. *ZfW Zeitschrift für Wirtschaftspolitik, 63*(2), 74–106.

Gudehus, T. (2014b). Sicherheitskonten und Sicherungsbanken, Ein anderer Weg zu einer neuen Geldordnung. www.vollgeld.de. Vollgeldreform/Schrittweise Vollgeldeinführung.

Gudehus, T. (2015a). *Dynamische Märkte, Grundlagen und Anwendungen der analytischen Ökonomie*. Berlin: Springer.

Gudehus, T. (2015b). Quantitative Lockerung, Chance zum Übergang zu einer neuen Geldordnung. Vortrag auf der Jahrestagung der Monetative e. V., Frankfurt a. M.

Gudehus, T., & Mensching, C. (2016). Vorschlag für eine Europäischen Währungsverfassung zur Implementierung einer neuen Geldordnung, Zeitschrift für das gesamte Kreditwesen, Frankfurt a. M., 3/2016.

Hayek, F. A. (1988). *The fatal conceit; The errors of socialism*. London: Routledge.

Hahn, H. J., & Häde, U. (2010). *Währungsrecht* (2. Aufl.). München: Beck-Verlag.

Huber, J. (2013). *Monetäre Modernisierung, Zur Zukunft der Geldordnung: Vollgeld und Monetative* (3. neu bearbeitete und aktualisierte Auflage). Marburg: Metropolis-Verlag.

Huber, J., & Robertsen, J. (2001). *Geldschöpfung in öffentlicher Hand, Weg zu einer gerechten Geldordnung im Informationszeitalter*. Kiel: Verlag für Sozialökonomie.

Huerta de Soto, J. (2011). *Geld, Bankkredit und Konjunkturzyklen*. Stuttgart: Lucius & Lucius.

Issing, O. (2003). *Einführung in die Geldtheorie*. München: Vahlen.

Issing, O. (2009). Anforderungen an eine neue Ordnung der Finanzmärkte. *Zeitschrift für Wirtschaftspolitik, 58*(3), 337 ff.

Issing, O. (2013). Monetary theory and monetary policy: Reflections on the development over the last 150 years. *Jahrbücher für Nationalökonomie und Statistik, 233/3,* 423–445.

Jarchow, H.-J. (2009). *Grundriss der Geldpolitik*. Stuttgart: Lucius & Lucius.

Kjell, H., & Mthuli, N. (2013). *Quantitative easing and its impact in the US, Japan, the UK and Europe*. New York: Springer.

Köhler, M. (2013). Humes Dilemma – oder Was ist Geld? „Geldschöpfung" der Banken als Vermögensrechtsverletzung. In G. Freund, U. Murmann, R. Bloy, & W. Perron (Hrsg.), *Grundlagen und Dogmatik des gesamten Strafrechtssystems*. Berlin: Duncker & Humblot.

Maier-Rigaud, G. (1998). Die europäische Geldpolitik in der Potentialfalle. *Wirtschaftsdienst, VII,* 433.

Mayer (Kempten), T. & Huber, R. (2014). *Vollgeld, Das Geldsystem der Zukunft*. Marburg: Tectum Verlag.

Mayer (Köln), T. (2014). *Die Neuordnung des Geldes. Warum wir eine Geldreform brauchen*. München: Finanzbuchverlag.

MacLeay, M., Radia, A., & Ryland, T. (2014). Money creation in the modern economy. *Bulletin/Q1 54*(1), Bank of England.

McMillan, J. (2014). *The end of banking*. Zürich: Zero/One Economics.

Mensching, C. (2014). Das Verbot der monetären Haushaltsfinanzierung in Art. 123 Abs. 1 AEUV – Eine kritische Bestandsaufnahme. *Zeitschrift Europarecht (EuR),* 3/2014 333–345.

Mises, L. (1924). *Theorie des Geldes und der Umlaufsmittel*. Berlin: Duncker & Humblot.

Monetative. (2015). Initiativerklärung des Monetative e. V., Berlin. www.monetative.de.

Neue Geldordnung. (2015). Wege und Ziele einer Geldreformbewegung. http://www.neue-geldordnung.de.

Peukert, H. (2013). *Das Moneyfest, Ursachen und Lösungen der Finanzmarkt und Schuldenkrise*. Marburg: Metropolis-Verlag.

Praet, P. (12. Juni 2013). EZB-Chefvolkswirt besorgt über Kredite. *FAZ*.

Roubini, N., & Mihm, S. (2010). *Das Ende der Weltwirtschaft und ihre Zukunft, Crisis Economics*. New York: Campus Verlag.

Schulz, B. (29. April 2013). Die Wirkung der Geldpolitik schwindet. *FAZ*, 26.

Sigurjonsson, F. (2015). Monetary reform, A better monetary system for Iceland. Report commissioned by the Prime Minister of Iceland; Edition 1.0 March 2015, Reykjavik. http://eng.forsaetisraduneyti.is/media/Skyrslur/monetary-reform.pdf.

Simons, H. C. (1934). 100 Per Cent Liquid. *The Wall Street Journal* (Leitartikel).

Sinn, H.-W. (2012). *Die Targetfalle, Gefahren für unser Geld und unsere Kinder*. München: Hanser Verlag.

Stark, J. (2012). Prinzipien einer stabilitätsorientierten europäischen Geldpolitik. *Zeitschrift für Wirtschaftspolitik, 61*(2).

Straubhaar, T., & Vögel, H. (2012). Alternativen zum ESM – konstruktive Wege für die Zukunft des Euroraums. *Zeitschrift für Wirtschaftspolitik, 61*(1).

Vollgeldinitiative Schweiz. (2015). *Verein Monetäre Modernisierung (MoMo)*. Wagringen: Vollgeldinitiative Schweiz. http://www.vollgeld-initiative.ch.